Książka Domowe lody i desery

100 PRZEPISÓW NA LODY, SORBETY, KREMY, DODATKI I INNE

Liwia Szulc

Wszelkie prawa zastrzeżone.

Zastrzeżenie

Informacje zawarte w tym eBooku mają służyć jako kompleksowy zbiór strategii, na temat których autor tego eBooka przeprowadził badania. Streszczenia, strategie, porady i triki są jedynie rekomendacjami autora i przeczytanie tego eBooka nie gwarantuje, że uzyskane wyniki będą dokładnie odzwierciedlać wyniki autora. Autor eBooka dołożył wszelkich starań, aby zapewnić czytelnikom eBooka aktualne i dokładne informacje. Autor i jego współpracownicy nie ponoszą odpowiedzialności za jakiekolwiek niezamierzone błędy lub pominięcia, które mogą zostać znalezione. Materiał zawarty w eBooku może zawierać informacje pochodzące od osób trzecich. Materiały stron trzecich zawierają opinie wyrażone przez ich właścicieli. W związku z tym autor eBooka nie ponosi odpowiedzialności za jakiekolwiek materiały lub opinie osób trzecich. Niezależnie od tego, czy chodzi o rozwój Internetu, czy też o nieprzewidziane zmiany w polityce firmy i wytycznych dotyczących publikacji, to, co zostało uznane za fakt w chwili pisania tego tekstu, może później stać się nieaktualne lub nie mieć zastosowania.

EBook objęty jest prawami autorskimi © 2024, wszelkie prawa zastrzeżone. Rozpowszechnianie, kopiowanie lub tworzenie dzieł pochodnych na podstawie tego eBooka w całości lub w części jest nielegalne. Żadna część tego raportu nie może być powielana ani retransmitowana w jakiejkolwiek formie bez pisemnej i podpisanej zgody autora.

SPIS TREŚCI

KSIĄŻKA DOMOWE LODY I DESERY..................1
SPIS TREŚCI..................4
WSTĘP..................8
LODY..................10
    1. Słodkie lody śmietankowe..................11
    2. Lody absyntowe i bezowe..................15
    3. Lody tortowe z Czarnego Lasu..................19
    4. Lody z dżemem serowo-gujawowym..................23
    5. Ciasteczka kremowe z konfiturą brzoskwiniową..................27
    6. Toffi z kminkiem i miodem..................31
    7. Lody jałowcowo-cytrynowe..................35
    8. Lody czekoladowe i whisky..................39
    9. Lody kokosowo-Cajeta..................44
    10. Lody z piwem korzennym..................49
    11. Lody Magnolia Mochi..................53
    12. Lody Graham Krakers..................57
    13. Lody serowe Graham Krakersy..................61
    14. Lody maślane z miodem..................65
    15. Lody Pumpernikiel..................69
    16. Lody tortowe Kolibry..................73
    17. Lody Mango Manchego..................78
    18. Krem bimberowo-syropowy kukurydziany..................82
    19. Lody wiśniowe Białego Domu..................86
    20. Lody Yazoo Sue..................91
    21. Maślanka miękka – do podania..................95
KREM..................99
    22. Mrożony krem ze słoną wanilią..................100

23. Mrożony krem z tostów francuskich..................104
24. Mrożony krem z ajerkoniaku..................109
25. Krem bisque z kwiatami pomarańczy..................113
26. Karmelowy Crème sans Lait..................118

MROŻONY JOGURT..................**123**

27. Świeży imbirowy mrożony jogurt..................124
28. Świeży brzoskwiniowy mrożony jogurt..................129
29. Ciasto Islandzkie Mrożony Jogurt..................134

SORBET..................**138**

30. Sorbet Belliniego..................139
31. Sorbet grejpfrutowy..................142
32. Sorbet śliwkowy..................145
33. Sorbet z czerwonych malin..................148
34. Sorbet z owoców pestkowych..................151
35. Trawa pszeniczna i sorbet Vinho Verde..................154

PIECZONE DESERY LODOWE..................**157**

36. Ciasto czekoladowe..................158
37. Pani Ciasto..................162
38. Ciasto Bezowe..................166
39. Ciasto Mochi..................171
40. Grunt Ciasto z kaszą budyniową..................174
41. Ciasto Arkuszowe..................178
42. Tarty z lodami francuskimi..................183
43. Ciasto Cukrowe..................186
44. Piekiełki..................189
45. Jabłko Rabarbar Bette..................192
46. Ciasto jagodowe..................195
47. Chrupiące gruszki i jeżyny..................198
48. Ciastka Bauer House..................202
49. Słodkie Kruche Kremy..................207
50. Ciasteczka Truflowe Czekoladowe..................210

51. Kanapki z kremem owsianym..................215
52. Tort z kremem i eklerami........................220
53. Gniazda Kataifi......................................224
54. Żeliwny Naleśnik...................................227
55. Placuszki kukurydziane Peoria..............230
56. Gofry z rynku Północnego.....................233
57. Słodkie Empanady................................237
58. Lodowy pudding chlebowy....................241
59. Banany Foster......................................244
60. Gotowane Owoce.................................247
61. J-Bars...250

KOKTAJLS..254

62. Miecz w kamieniu.................................255
63. Rozgrzej swoje kolana..........................257
64. Pani Jeziora...259

DODATKI...261

65. Szyszki cukrowe...................................262
66. Marmolada ananasowo-habanero........266
67. Kompot wiśniowo-hibiskusowy..............269
68. Sos karmelowy z marakui.....................271
69. Karmel z mleka koziego.......................274
70. Kandyzowane pestki dyni.....................277
71. Bita śmietana z wanilią i tequilą............279
72. Karmelizowane orzechy pekan Piloncillo........281
73. Pikantne mango...................................284
74. Posypka z kruszonką migdałową..........288

NIEDZIELE..291

75. Chwała Knickerbockera........................292
76. Melba brzoskwiniowa...........................295
77. Frappe cappuccino..............................298
78. Lodowe lassi.......................................301

79. Pływak do lodów.................303
80. Mus arbuzowo-truskawkowy.................305
81. Koktajl z mrożonych moreli i granatów.................307
82. Lody czekoladowo-orzechowe.................309
83. Lody na patyku w czekoladzie.................311

MROŻONE PRZYSMAKI DLA DZIECI.................314

84. Mrożone banany w czekoladzie.................315
85. Kanapka z lodami.................318
86. Lodowe dipy owocowe.................320
87. Lepkie smakołyki toffi.................323
88. Owocowe kostki lodu.................325
89. Lodowe popy owocowe.................327
90. Babeczki lodowe.................330
91. Chrupiące jogurtowe kształty.................333

ŚWIEŻE I OWOCOWE PRZYSMAKI.................336

92. Mrożona jeżyna i gruszka Romanoff.................337
93. Lody wirowe brzoskwiniowo-marakujowe.................339
94. Suflet morelowy mrożony.................342
95. Parfait jabłkowo-śliwkowy.................346
96. Lody o smaku bananowym.................349
97. Sorbet z owoców tropikalnych.................352
98. Mrożona rozkosz rabarbarowa.................355
99. Świeże lody imbirowe.................358
100. Świeże lody brzoskwiniowe.................361

WNIOSEK.................364

WSTĘP

Desery lodowe mają osobowość. Słodka śmietanka powoli kapiąca z zamrożonej gałki zmienia ciasto lub sos w chwili, gdy go dotknie. Krem bogaty w tłuszcz maślany pochłania zapach i smak i przenosi je do nosa. Wszystko, czego dotknie lody, staje się bogatsze, smaczniejsze i głębiej postrzegane. Co więcej, lody zachęcają do bycia tu i teraz. Topi się i zmienia z każdą sekundą – musisz na to zwracać uwagę, bo inaczej zniknie.

Na tych stronach znajdziesz kilka solidnych przepisów, z których będziesz korzystać wielokrotnie i modyfikować je w zależności od pory roku, menu lub własnego kaprysu. Każdy deser jest fenomenalny w smaku i konsystencji, a każdy przepis jest opracowany specjalnie z myślą o domowej kuchni. Chociaż nie twierdzę, że każdy przepis w tej książce jest szybki i łatwy (choć wiele z nich jest), powiem, że są one tak proste, jak to tylko możliwe, a rezultaty są naprawdę warte wysiłku. Możesz je ubrać w górę lub w dół, w zależności od tego, jak je podasz lub jakie lody z nimi podasz.

LODY

1. Słodkie lody śmietankowe

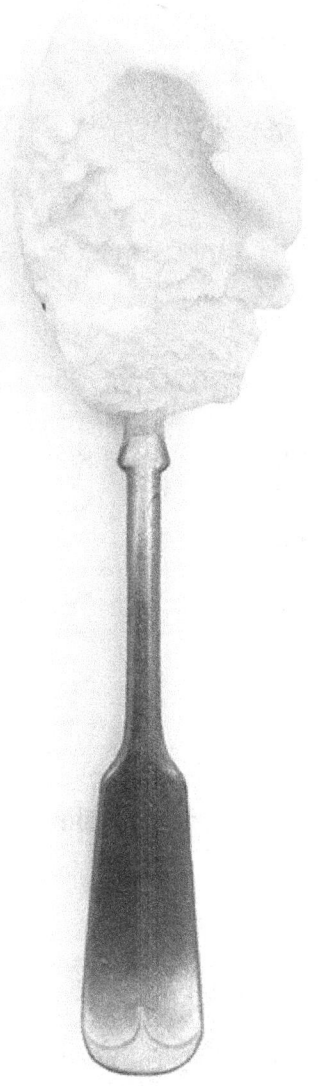

Daje około 1 kwarty

Składniki:

- 2⅔ szklanki pełnego mleka
- 1 łyżka plus 2 łyżeczki skrobi kukurydzianej
- 2 uncje (4 łyżki) serka śmietankowego, zmiękczonego
- ⅛ łyżeczki drobnej soli morskiej
- 1 ½ szklanki gęstej śmietanki
- ¾ szklanki cukru
- ¼ szklanki jasnego syropu kukurydzianego

Wskazówki:

a) wymieszaj około 2 łyżek mleka ze skrobią kukurydzianą, aby uzyskać gładką zawiesinę.

b) W średniej misce ubij serek śmietankowy i sól na gładką masę.

c) Napełnij dużą miskę lodem i wodą.

d) Gotuj Połącz pozostałe mleko, śmietanę, cukier i syrop kukurydziany w rondlu o pojemności 4 litrów, zagotuj na średnim ogniu i gotuj przez 4 minuty. Zdjąć z ognia i stopniowo dodawać zawiesinę skrobi kukurydzianej. Doprowadzić mieszaninę do wrzenia na średnim ogniu i gotować, mieszając żaroodporną szpatułką, aż lekko zgęstnieje, około 1 minuty. Zdjąć z ognia.

e) Schłodzić Stopniowo mieszaj gorącą mieszaninę mleka z serkiem śmietankowym, aż będzie gładka. Wlać mieszaninę do 1-litrowego worka do zamrażania Ziplock i zanurzyć zamkniętą torebkę w łaźni lodowej. Odstaw, w razie potrzeby dodając więcej lodu, aż ostygnie, około 30 minut.

f) Zamrażanie Wyjmij zamrożony pojemnik z zamrażarki, zmontuj maszynę do lodów i włącz ją. Wlej bazę lodową do pojemnika i wiruj, aż masa stanie się gęsta i kremowa.

g) Zapakuj lody do pojemnika do przechowywania. Dociśnij arkusz pergaminu bezpośrednio do powierzchni i zamknij hermetyczną pokrywką. Zamroź w najzimniejszej części zamrażarki, aż będzie twarda, co najmniej 4 godziny.

h) Aby dodać Variegates: Aby ułożyć warstwowe dżemy lub sosy w lodach, zacznij od skropienia łyżką na dnie pojemnika i rozsmarowania na nim warstwy lodów. W zakamarki lodów włóż jeszcze kilka łyżek, a następnie ułóż kolejną warstwę lodów.

i) Kontynuuj nakładanie warstw sosu i lodów, aż wykorzystasz całe lody. Sos nie powinien przykrywać całej warstwy.

2. Lody absyntowe i bezowe

Daje około 1 kwarty

Składniki:

- 2⅔ szklanki pełnego mleka
- 1 łyżka plus 2 łyżeczki skrobi kukurydzianej
- 2 uncje (4 łyżki) serka śmietankowego, zmiękczonego
- ½ łyżeczki proszku matcha
- ⅛ łyżeczki drobnej soli morskiej
- 1 ½ szklanki gęstej śmietanki
- ¾ szklanki cukru
- ¼ szklanki jasnego syropu kukurydzianego
- 1¼ szklanki absyntu, Pernodu lub pastis
- ½ łyżeczki ekstraktu anyżowego
- 1 szklanka pokruszonej (około ¼-calowej kruszonki) bezy z Meringue Cake (około 1 bezy) lub kupionej w sklepie

Wskazówki:

a) Zmieszaj około 2 łyżek mleka ze skrobią kukurydzianą w małej misce, aby uzyskać gładką zawiesinę.

b) W średniej misce ubij serek śmietankowy, matchę i sól na gładką masę.

c) Napełnij dużą miskę lodem i wodą.

d) Gotuj Połącz pozostałe mleko, śmietanę, cukier i syrop kukurydziany w rondlu o pojemności 4 litrów, zagotuj na średnim ogniu i gotuj przez 4 minuty. Zdjąć z ognia i stopniowo dodawać zawiesinę skrobi kukurydzianej. Doprowadzić mieszaninę do wrzenia na średnim ogniu i gotować, mieszając żaroodporną szpatułką, aż lekko zgęstnieje, około 1 minuty. Zdjąć z ognia.

e) Schłodzić Stopniowo mieszaj gorącą mieszaninę mleka z serkiem śmietankowym, aż będzie gładka. Wlać mieszaninę do 1-litrowego worka do zamrażania Ziplock i zanurzyć zamkniętą torebkę w łaźni lodowej. Odstaw, w razie potrzeby dodając więcej lodu, aż ostygnie, około 30 minut.

f) Zamrażanie Wyjmij zamrożony pojemnik z zamrażarki, zmontuj maszynę do lodów i włącz ją. Wlej bazę lodową do pojemnika i wiruj, aż masa stanie się gęsta i kremowa.

g) Zapakuj lody do pojemnika do przechowywania. Dodaj absynt i ekstrakt anyżowy, a następnie dodaj kawałki bezy. Dociśnij arkusz pergaminu bezpośrednio do powierzchni i zamknij hermetyczną pokrywką. Zamrażaj w najzimniejszej części zamrażarki do momentu, aż

3. Lody Tortowe z Czarnego Lasu

Daje około 1 kwarty

Składniki:

- ⅔ szklanki ½-calowego kruszonki
- ¼ szklanki płynnego sosu czekoladowego, schłodzonego
- ½ szklanki wiśni Amarena
- 1 ¼ szklanki ciężkiej śmietanki
- 2 łyżki skrobi kukurydzianej
- 3 uncje (6 łyżek stołowych) serka śmietankowego, zmiękczonego
- ¼ łyżeczki drobnej soli morskiej
- ⅔ szklanki cukru
- 2 łyżki jasnego syropu kukurydzianego
- 2 szklanki maślanki, mleka pełnego lub mleka 2%.

Wskazówki:

a) Włóż kruszonkę do małej miski, dodaj sos czekoladowy i lekko wymieszaj, aby pokryć ciasto, następnie dodaj wiśnie

Amarena i mieszaj, aby równomiernie się rozprowadzić. Zamroź na czas przygotowywania lodów. (Mieszaninę ciasta można zamrozić na okres do 1 miesiąca.)

b) Zmieszaj około ¼ szklanki śmietany ze skrobią kukurydzianą w małej misce, aby uzyskać gładką zawiesinę.

c) W średniej misce ubij serek śmietankowy i sól na gładką masę.

d) Napełnij dużą miskę lodem i wodą.

e) Gotuj Połącz pozostałą śmietanę, cukier i syrop kukurydziany w rondlu o pojemności 4 litrów, zagotuj na średnim ogniu i gotuj przez 4 minuty. Zdjąć z ognia i stopniowo dodawać zawiesinę skrobi kukurydzianej. Doprowadzić mieszaninę do wrzenia na średnim ogniu i gotować, mieszając żaroodporną szpatułką, aż lekko zgęstnieje, około 20 sekund. Zdjąć z ognia.

f) Schłodzić Stopniowo ubijaj gorącą mieszaninę mleka z serkiem śmietankowym, aż będzie gładka, a następnie dodaj maślankę. Wlać mieszaninę do 1-litrowego worka Ziplock i zanurzyć zamkniętą torebkę w łaźni lodowej. Odstaw, w razie potrzeby dodając więcej lodu, aż ostygnie, około 30 minut.

g) Zamrażanie Wyjmij zamrożony pojemnik z zamrażarki, zmontuj maszynę do lodów i włącz ją. Wlej bazę lodową do pojemnika i wiruj, aż masa stanie się gęsta i kremowa.

h) Włóż lody do pojemnika do przechowywania, na przemian lody i małe łyżki mieszanki ciasta. Dociśnij arkusz pergaminu bezpośrednio do powierzchni i zamknij hermetyczną pokrywką. Zamroź w najzimniejszej części zamrażarki, aż będzie twarda, co najmniej 4 godziny.

4. Lody z dżemem serowo-gujawowym

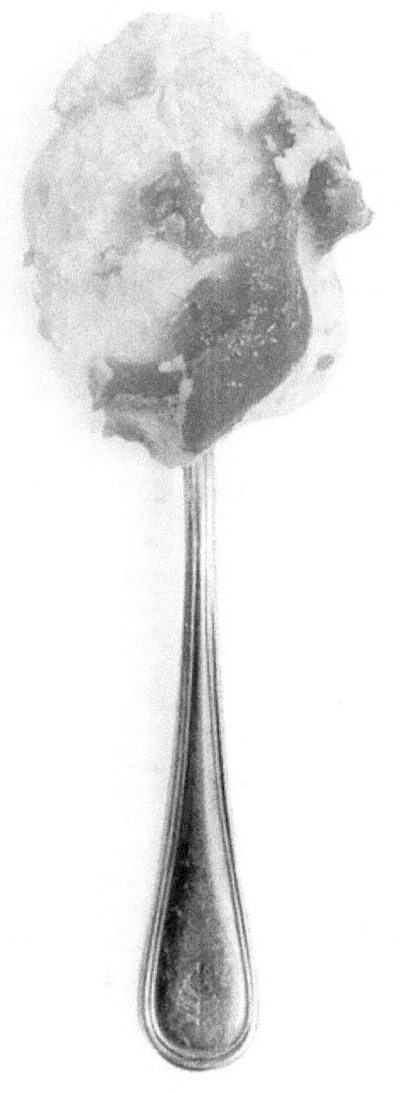

Daje około 1 kwarty

Składniki:

- 2⅔ szklanki pełnego mleka
- 1 łyżka plus 2 łyżeczki skrobi kukurydzianej
- 6 uncji (¾ szklanki) serka śmietankowego, zmiękczonego
- ⅛ łyżeczki drobnej soli morskiej
- 1 ½ szklanki gęstej śmietanki
- ¾ szklanki cukru
- ¼ szklanki jasnego syropu kukurydzianego
- ½ szklanki dżemu z gujawy

Wskazówki:

a) wymieszaj około 2 łyżek mleka ze skrobią kukurydzianą, aby uzyskać gładką zawiesinę.

b) W średniej misce utrzyj ser i sól na gładką masę.

c) Napełnij dużą miskę lodem i wodą.

d) Gotuj Połącz pozostałe mleko, śmietanę, cukier i syrop kukurydziany w rondlu o pojemności 4 litrów, zagotuj na średnim ogniu i gotuj przez 4 minuty. Zdjąć z ognia i stopniowo dodawać zawiesinę skrobi kukurydzianej. Doprowadzić mieszaninę do wrzenia na średnim ogniu i gotować, mieszając żaroodporną szpatułką, aż lekko zgęstnieje, około 1 minuty. Zdjąć z ognia.

e) Schłodzić Stopniowo dodawaj gorącą mieszaninę mleka do sera, aż będzie gładki. Wlać mieszaninę do 1-litrowego worka do zamrażania Ziplock i zanurzyć zamkniętą torebkę w łaźni lodowej. Odstaw, w razie potrzeby dodając więcej lodu, aż ostygnie, około 30 minut.

f) Zamrażanie Wyjmij zamrożony pojemnik z zamrażarki, zmontuj maszynę do lodów i włącz ją. Wlej bazę lodową do zamrożonego pojemnika i wiruj, aż masa stanie się gęsta i kremowa.

g) Zapakuj lody do pojemnika do przechowywania, układając warstwy dżemu. Dociśnij arkusz pergaminu bezpośrednio do powierzchni i zamknij hermetyczną pokrywką. Zamroź w najzimniejszej części zamrażarki, aż będzie twarda, co najmniej 4 godziny.

5. Ciasteczka Kremowe z Konfiturą Brzoskwiniową

Daje około 1 kwarty

Składniki:

- 1 ¼ szklanki ciężkiej śmietanki
- 2 łyżki skrobi kukurydzianej
- 3 uncje (6 łyżek stołowych) serka śmietankowego, zmiękczonego
- ¼ łyżeczki drobnej soli morskiej
- ⅔ szklanki cukru
- 2 łyżki jasnego syropu kukurydzianego
- 2 szklanki maślanki, mleka pełnego lub mleka 2%.
- ½ szklanki pokruszonych ciasteczek ze słodką śmietanką, mrożonych lub kupnych w sklepie
- ¼ szklanki dżemu brzoskwiniowego, schłodzonego

Wskazówki:

a) Zmieszaj około ¼ szklanki śmietanki ze skrobią kukurydzianą w małej misce, aby uzyskać gładką zawiesinę.

b) W średniej misce ubij serek śmietankowy i sól na gładką masę.

c) Napełnij dużą miskę lodem i wodą.

d) Gotuj Połącz pozostałą śmietanę, cukier i syrop kukurydziany w 4-litrowym rondlu, zagotuj na średnim ogniu i gotuj przez 4 minuty. Zdjąć z ognia i stopniowo dodawać zawiesinę skrobi kukurydzianej. Doprowadzić mieszaninę do wrzenia na średnim ogniu i gotować, mieszając żaroodporną szpatułką, aż lekko zgęstnieje, około 20 sekund. Zdjąć z ognia.

e) Schłodzić Stopniowo mieszaj gorącą mieszaninę mleka z serkiem śmietankowym, aż będzie gładka. Wymieszaj maślankę.

f) Wlać mieszaninę do 1-litrowego worka Ziplock i zanurzyć zamkniętą torebkę w łaźni lodowej. Odstaw, w razie potrzeby dodając więcej lodu, aż ostygnie, około 30 minut.

g) Zamrażanie Wyjmij zamrożony pojemnik z zamrażarki, zmontuj maszynę do lodów i włącz ją. Wlej bazę lodową do zamrożonego pojemnika i wiruj, aż masa stanie się gęsta i kremowa.

h) Włóż lody do pojemnika do przechowywania, mieszając z pokruszonymi ciastkami i dżemem.

i) Dociśnij arkusz pergaminu bezpośrednio do powierzchni i zamknij hermetyczną pokrywką. Zamroź w najzimniejszej części zamrażarki, aż będzie twarda, co najmniej 4 godziny.

6. Toffi z kminkiem i miodem

Daje około 1 kwarty

Składniki:

- 2⅔ szklanki pełnego mleka
- 1 łyżka plus 2 łyżeczki skrobi kukurydzianej
- 2 uncje (4 łyżki) serka śmietankowego, zmiękczonego
- ¼ łyżeczki drobnej soli morskiej
- 1 łyżeczka kurkumy (dla koloru; opcjonalnie)
- ¼ łyżeczki mielonego kminku
- ½ szklanki miodu
- 1 ½ szklanki gęstej śmietanki
- ½ szklanki) cukru
- 4 krople naturalnego aromatu maślanego

Wskazówki:

a) wymieszaj około 2 łyżek mleka ze skrobią kukurydzianą, aby uzyskać gładką zawiesinę.

b) W średniej misce ubij serek śmietankowy, sól, kurkumę (jeśli używasz) i kminek, aż masa będzie gładka.

c) Napełnij dużą miskę lodem i wodą.

d) Gotuj Miód podgrzej w 4-litrowym rondlu na średnim ogniu, aż zacznie wrzeć i zacznie dymić. Zdejmij rondelek z ognia i dodaj około ¼ szklanki śmietanki. Powoli dodawaj pozostałą śmietanę, mieszając, aż się połączy.

e) Do rondelka dodaj pozostałe mleko i cukier, zagotuj na średnim ogniu i gotuj przez 4 minuty. Zdjąć z ognia i stopniowo dodawać zawiesinę skrobi kukurydzianej.

f) Doprowadzić mieszaninę do wrzenia na średnim ogniu i gotować, mieszając żaroodporną szpatułką, aż lekko zgęstnieje, około 1 minuty. Zdjąć z ognia.

g) Schłodzić Stopniowo mieszaj gorącą mieszaninę mleka z serkiem śmietankowym, aż będzie gładka. Wlać mieszaninę do 1-litrowej torebki do zamrażania Ziplock i zanurz zamkniętą torebkę w łaźni lodowej. Odstaw, w razie potrzeby dodając więcej lodu, aż ostygnie, około 30 minut. Wymieszaj aromat maślany.

h) Zamrażanie Wyjmij zamrożony pojemnik z zamrażarki, zmontuj maszynę do lodów i włącz ją. Wlej bazę lodową do pojemnika i wiruj, aż masa stanie się gęsta i kremowa.

i) Zapakuj lody do pojemnika do przechowywania. Dociśnij arkusz pergaminu bezpośrednio do powierzchni i zamknij hermetyczną pokrywką. Zamroź w najzimniejszej części zamrażarki, aż będzie twarda, co najmniej 4 godziny.

7. Lody jałowcowo-cytrynowe

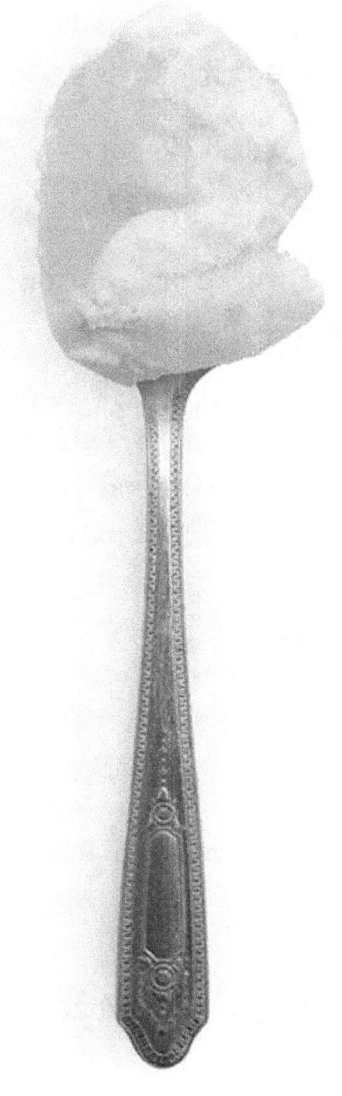

Daje około 1 kwarty

Składniki:

- 2⅔ szklanki pełnego mleka
- 1 łyżka plus 2 łyżeczki skrobi kukurydzianej
- 2 uncje (4 łyżki) serka śmietankowego, zmiękczonego
- ⅛ łyżeczki drobnej soli morskiej
- 1 ½ szklanki gęstej śmietanki
- ¾ szklanki cukru
- ¼ szklanki jasnego syropu kukurydzianego
- 1 do 2 kropli olejku jałowcowego
- ⅔ szklanki lemon curdu

Wskazówki:

a) Zmieszaj około 2 łyżek mleka ze skrobią kukurydzianą w małej misce, aby uzyskać gładką zawiesinę.

b) W średniej misce ubij serek śmietankowy i sól na gładką masę.

c) Napełnij dużą miskę lodem i wodą.

d) Gotuj Połącz pozostałe mleko, śmietanę, cukier i syrop kukurydziany w 4-litrowym rondlu, zagotuj na średnim ogniu i gotuj przez 4 minuty. Zdjąć z ognia i stopniowo dodawać zawiesinę skrobi kukurydzianej. Doprowadzić mieszaninę do wrzenia na średnim ogniu i gotować, mieszając żaroodporną szpatułką, aż lekko zgęstnieje, około 1 minuty. Zdjąć z ognia.

e) Schłodzić Stopniowo mieszaj gorącą mieszaninę mleka z serkiem śmietankowym, aż będzie gładka. Wlać mieszaninę do 1-litrowej torebki do zamrażania Ziplock i zanurz zamkniętą torebkę w łaźni lodowej. Odstaw, w razie potrzeby dodając więcej lodu, aż ostygnie, około 30 minut.

f) Zamrażanie Wyjmij zamrożony pojemnik z zamrażarki, zmontuj maszynę do lodów i włącz ją. Bazę lodową wlej do pojemnika i dodaj olejek jałowcowy. Wiruj, aż masa będzie gęsta i kremowa.

g) Zapakuj lody do pojemnika do przechowywania, posypując warstwami lemon curd. Dociśnij arkusz pergaminu bezpośrednio do powierzchni i zamknij hermetyczną pokrywką. Zamroź w najzimniejszej części zamrażarki, aż będzie twarda, co najmniej 4 godziny.

8. Lody czekoladowe i whisky

Daje około 1 kwarty

Składniki:

Pasta Czekoladowa

- ½ filiżanki zaparzonej kawy (dowolna temperatura)
- ¼ szklanki) cukru
- ⅔ szklanki kakao w proszku holenderskiego pochodzenia
- 1 ½ uncji niesłodzonej czekolady, drobno posiekanej

Baza do lodów

- 2⅔ szklanki pełnego mleka
- 1 łyżka plus 2 łyżeczki skrobi kukurydzianej
- 2 uncje (4 łyżki) serka śmietankowego, zmiękczonego
- ⅛ łyżeczki drobnej soli morskiej
- 1 ½ szklanki gęstej śmietanki
- ¾ szklanki cukru

- 3 łyżki jasnego syropu kukurydzianego
- 3 łyżki kminku, lekko rozgniecionego
- ½ szklanki whisky żytniej

Wskazówki:

a) Połączyć kawę, cukier i kakao w małym rondlu, doprowadzić do wrzenia na średnim ogniu i gotować przez 30 sekund, mieszając, aby rozpuścić cukier. Zdjąć z ognia i dodać czekoladę. Odstawić na kilka minut, następnie wymieszać, aż masa będzie bardzo gładka.

b) Zmieszaj około 2 łyżek mleka ze skrobią kukurydzianą w małej misce, aby uzyskać gładką zawiesinę.

c) Ubij serek śmietankowy, ciepłą pastę czekoladową i sól w średniej misce, aż masa będzie gładka.

d) Napełnij dużą miskę lodem i wodą.

e) Gotuj Połącz pozostałe mleko, śmietanę, cukier i syrop kukurydziany w rondlu o pojemności 4 litrów i zagotuj na średnim ogniu. Dodać kminek i gotować przez 4 minuty. Zdjąć z ognia i stopniowo dodawać zawiesinę skrobi kukurydzianej. Doprowadzić mieszaninę do wrzenia na średnim ogniu i gotować, mieszając żaroodporną szpatułką, aż lekko zgęstnieje, około 1 minuty. Zdjąć z ognia.

f) Schłodzić Stopniowo mieszaj gorącą mieszaninę mleka z mieszanką serka śmietankowego, aż będzie gładka. Wmieszaj whisky. Wlać mieszaninę do 1-litrowej torebki do zamrażania Ziplock i zanurz zamkniętą torebkę w łaźni lodowej. Odstaw, w razie potrzeby dodając więcej lodu, aż ostygnie, około 30 minut.

g) Zamrażanie Wyjmij zamrożony pojemnik z zamrażarki, zmontuj maszynę do lodów i włącz ją. Wlej bazę lodową do zamrożonego pojemnika i wiruj, aż masa stanie się gęsta i kremowa.

h) Zapakuj lody do pojemnika do przechowywania. Dociśnij arkusz pergaminu bezpośrednio do powierzchni i zamknij hermetyczną pokrywką. Zamroź w najzimniejszej części zamrażarki, aż będzie twarda, co najmniej 4 godziny.

9. Lody Kokosowo-Cajeta

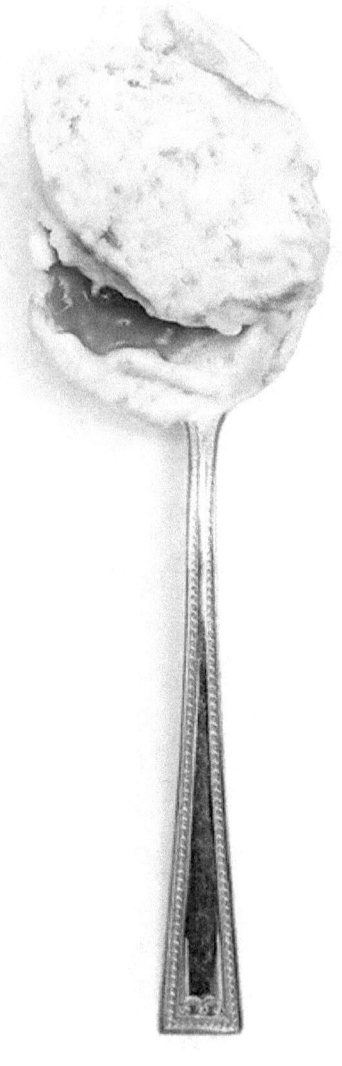

Daje około 1 kwarty

Składniki:

- ½ szklanki niesłodzonych płatków kokosowych
- 2⅔ szklanki pełnego mleka
- 1 łyżka plus 2 łyżeczki skrobi kukurydzianej
- 2 uncje (4 łyżki) serka śmietankowego, zmiękczonego
- ⅛ łyżeczki drobnej soli morskiej
- 1 ½ szklanki gęstej śmietanki
- ¾ szklanki cukru
- ¼ szklanki jasnego syropu kukurydzianego
- 2 do 3 kropli ekstraktu kokosowego (opcjonalnie)
- ⅓ szklanki Cajety

Wskazówki:

a) Rozgrzej piekarnik do 325°F.

b) Rozłóż kokos na blasze do pieczenia. Piecz przez 10 minut, następnie wyjmij z piekarnika i wymieszaj żaroodporną szpatułką, upewniając się, że zewnętrzne krawędzie kokosa są skierowane w stronę wewnętrznej, mniej przypieczonej części. Rozłóż i opiekaj przez kolejne 5 minut, a następnie ponownie wymieszaj. Powtarzaj, aż kokos będzie równomiernie złocistobrązowy i bardzo pachnący. Wyjąć z piekarnika i pozostawić do całkowitego ostygnięcia.

c) Zmieszaj około 2 łyżek mleka ze skrobią kukurydzianą w małej misce, aby uzyskać gładką zawiesinę.

d) W średniej misce ubij serek śmietankowy i sól na gładką masę.

e) Napełnij dużą miskę lodem i wodą.

f) Gotuj Połącz pozostałe mleko, śmietanę, cukier i syrop kukurydziany w rondlu o pojemności 4 litrów, zagotuj na średnim ogniu i gotuj przez 4 minuty. Zdjąć z ognia i stopniowo dodawać zawiesinę skrobi kukurydzianej. Doprowadzić mieszaninę do wrzenia na średnim ogniu i gotować, mieszając żaroodporną szpatułką, aż lekko zgęstnieje, około 1 minuty. Zdjąć z ognia.

g) Schłodzić Stopniowo mieszaj gorącą mieszaninę mleka z serkiem śmietankowym, aż będzie gładka. Dodaj ekstrakt kokosowy, jeśli go używasz. Wlać mieszaninę do 1-litrowego worka do zamrażania Ziplock i zanurzyć zamkniętą torebkę w łaźni lodowej. Odstaw, w razie potrzeby dodając więcej lodu, aż ostygnie, około 30 minut.

h) Zamrażanie Wyjmij zamrożony pojemnik z zamrażarki, zmontuj maszynę do lodów i włącz ją. Wlej bazę lodową do pojemnika i wiruj, aż masa stanie się gęsta i kremowa.

i) Zapakuj lody do pojemnika do przechowywania, mieszając z prażonym kokosem i posypując warstwami sosem. Dociśnij arkusz pergaminu bezpośrednio do powierzchni i zamknij hermetyczną pokrywką. Zamroź w najzimniejszej części zamrażarki, aż będzie twarda, co najmniej 4 godziny.

10. Lody z piwem korzennym

Daje około 1 kwarty

Składniki:

- 2⅔ szklanki pełnego mleka
- 1 łyżka plus 2 łyżeczki skrobi kukurydzianej
- 2 uncje (4 łyżki) serka śmietankowego, zmiękczonego
- ⅛ łyżeczki drobnej soli morskiej
- 1 ½ szklanki gęstej śmietanki
- ¾ szklanki cukru
- ¼ szklanki jasnego syropu kukurydzianego
- 2 łyżki koncentratu piwa korzennego

Wskazówki:

a) Zmieszaj około 2 łyżek mleka ze skrobią kukurydzianą w małej misce, aby uzyskać gładką zawiesinę.

b) W średniej misce ubij serek śmietankowy i sól na gładką masę.

c) Napełnij dużą miskę lodem i wodą.

d) Gotuj Połącz pozostałe mleko, śmietanę, cukier i syrop kukurydziany w rondlu o pojemności 4 litrów, zagotuj na średnim ogniu i gotuj przez 4 minuty. Zdjąć z ognia i stopniowo dodawać zawiesinę skrobi kukurydzianej. Doprowadzić mieszaninę do wrzenia na średnim ogniu i gotować, mieszając żaroodporną szpatułką, aż lekko zgęstnieje, około 1 minuty. Zdjąć z ognia.

e) Schłodzić Stopniowo mieszaj gorącą mieszaninę mleka z serkiem śmietankowym, aż będzie gładka. Dodać koncentrat piwa korzennego. Wlać mieszaninę do 1-litrowej torebki do zamrażania Ziplock i zanurz zamkniętą torebkę w łaźni lodowej. Odstaw, w razie potrzeby dodając więcej lodu, aż ostygnie, około 30 minut.

f) Zamrażanie Wyjmij zamrożony pojemnik z zamrażarki, zmontuj maszynę do lodów i włącz ją. Wlej bazę lodową do zamrożonego pojemnika i wiruj, aż masa stanie się gęsta i kremowa.

g) Zapakuj lody do pojemnika do przechowywania. Dociśnij arkusz pergaminu bezpośrednio do powierzchni i zamknij hermetyczną pokrywką. Zamroź w najzimniejszej części zamrażarki, aż będzie twarda, co najmniej 4 godziny.

11. Lody Magnolia Mochi

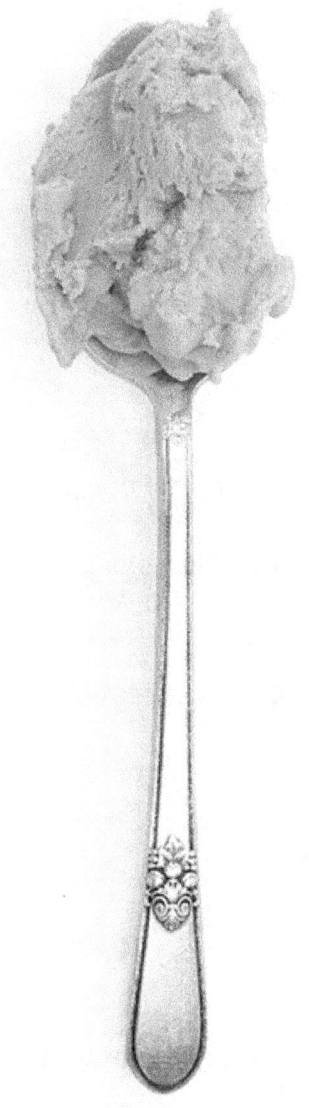

Daje około 1 kwarty

Składniki:

- 2⅔ szklanki pełnego mleka
- 1 łyżka plus 2 łyżeczki skrobi kukurydzianej
- 2 uncje (4 łyżki) serka śmietankowego, zmiękczonego
- 1 łyżka proszku z buraków czerwonych (dla koloru; patrz Źródła ; opcjonalnie)
- ¼ łyżeczki kurkumy (dla koloru; opcjonalnie)
- ⅛ łyżeczki drobnej soli morskiej
- 1 ½ szklanki gęstej śmietanki
- ¾ szklanki cukru
- ¼ szklanki jasnego syropu kukurydzianego
- 1 do 2 kropli olejku magnoliowego
- ½ szklanki ⅛-calowych kostek Mochi Cake, mrożonych

Wskazówki:

a) wymieszaj około 2 łyżek mleka ze skrobią kukurydzianą, aby uzyskać gładką zawiesinę.

b) W średniej misce utrzyj ser śmietankowy, proszek buraczany i kurkumę, jeśli używasz, oraz sól w średniej misce, aż masa będzie gładka.

c) Napełnij dużą miskę lodem i wodą.

d) Gotuj Połącz pozostałe mleko, śmietanę, cukier i syrop kukurydziany w rondlu o pojemności 4 litrów, zagotuj na średnim ogniu i gotuj przez 4 minuty. Zdjąć z ognia i stopniowo dodawać zawiesinę skrobi kukurydzianej. Doprowadzić mieszaninę do wrzenia na średnim ogniu i gotować, mieszając żaroodporną szpatułką, aż lekko zgęstnieje, około 1 minuty. Zdjąć z ognia.

e) Schłodzić Stopniowo mieszaj gorącą mieszaninę mleka z serkiem śmietankowym, aż będzie gładka. Wlać mieszaninę do 1-litrowej torebki do zamrażania Ziplock i zanurz zamkniętą torebkę w łaźni lodowej. Odstaw, w razie potrzeby dodając więcej lodu, aż ostygnie, około 30 minut.

f) Zamrażanie Wyjmij zamrożony pojemnik z zamrażarki, zmontuj maszynę do lodów i włącz ją. Wlej bazę lodową do pojemnika, dodaj olejek magnoliowy i wiruj, aż masa stanie się gęsta i kremowa.

g) Zapakuj lody do pojemnika do przechowywania, mieszając dodając kostki ciasta. Dociśnij arkusz pergaminu bezpośrednio do powierzchni i zamknij hermetyczną pokrywką. Zamroź w najzimniejszej części zamrażarki, aż będzie twarda, co najmniej 4 godziny.

12. Lody Graham Krakers

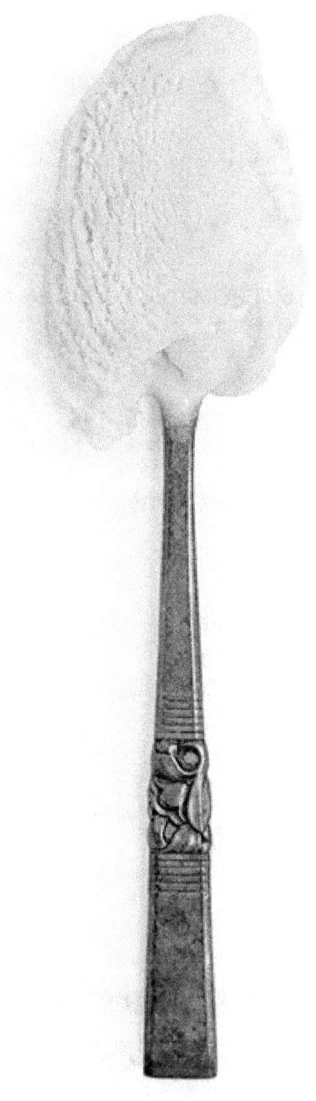

Daje około 1 kwarty

Składniki:

- 2⅔ szklanki pełnego mleka

- 1 łyżka plus 2 łyżeczki skrobi kukurydzianej

- 2 uncje (4 łyżki) serka śmietankowego, zmiękczonego

- ⅛ łyżeczki drobnej soli morskiej

- 1 ½ szklanki gęstej śmietanki

- ¾ szklanki cukru

- ¼ szklanki jasnego syropu kukurydzianego

- ½ szklanki grubo posiekanej krakersy pełnoziarniste

Wskazówki:

a) wymieszaj około 2 łyżek mleka ze skrobią kukurydzianą, aby uzyskać gładką zawiesinę.

b) W średniej misce ubij serek śmietankowy i sól na gładką masę.

c) Napełnij dużą miskę lodem i wodą.

d) Gotuj Połącz pozostałe mleko, śmietanę, cukier i syrop kukurydziany w rondlu o pojemności 4 litrów, zagotuj na średnim ogniu i gotuj przez 4 minuty. Zdjąć z ognia i stopniowo dodawać zawiesinę skrobi kukurydzianej. Doprowadzić mieszaninę do wrzenia na średnim ogniu i gotować, mieszając żaroodporną szpatułką, aż lekko zgęstnieje, około 1 minuty. Zdjąć z ognia.

e) Schłodzić Stopniowo mieszaj gorącą mieszaninę mleka z serkiem śmietankowym, aż będzie gładka. Dodaj krakersy i pozostaw mieszaninę do stromego aż krakersy się rozpuszczą, około 3 minut. Przetrzyj mieszaninę przez sito, następnie wlej ją do 1-litrowej torebki do zamrażania Ziplock i zanurz zamkniętą torebkę w łaźni lodowej. Odstaw, w razie potrzeby dodając więcej lodu, aż ostygnie, około 30 minut.

f) Zamrażanie Wyjmij zamrożony pojemnik z zamrażarki, zmontuj maszynę do lodów i włącz ją. Wlej bazę lodową do zamrożonego pojemnika i wiruj, aż masa stanie się gęsta i kremowa.

g) Zapakuj lody do pojemnika do przechowywania. Dociśnij arkusz pergaminu bezpośrednio do powierzchni i zamknij hermetyczną pokrywką. Zamroź w najzimniejszej części zamrażarki, aż będzie twarda, co najmniej 4 godziny.

13. Lody Serowe Graham Krakersy

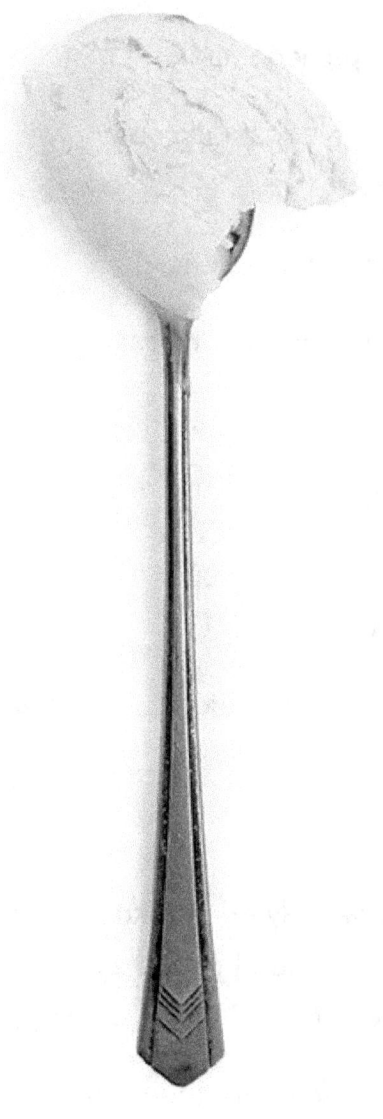

Daje około 1 kwarty

Składniki:

- 2⅔ szklanki pełnego mleka
- 1 łyżka plus 2 łyżeczki skrobi kukurydzianej
- 2 uncje Gorgonzoli dolce
- ⅛ łyżeczki drobnej soli morskiej
- 1 ½ szklanki gęstej śmietanki
- ¾ szklanki cukru
- ¼ szklanki jasnego syropu kukurydzianego
- ½ szklanki grubo posiekanych krakersów graham

Wskazówki:

a) Zmieszaj około 2 łyżek mleka ze skrobią kukurydzianą w małej misce, aby uzyskać gładką zawiesinę.

b) W średniej misce ubij gorgonzolę dolce i sól na gładką masę.

c) Napełnij dużą miskę lodem i wodą.

d) Gotuj Połącz pozostałe mleko, śmietanę, cukier i syrop kukurydziany w rondlu o pojemności 4 litrów, zagotuj na średnim ogniu i gotuj przez 4 minuty. Zdjąć z ognia i stopniowo dodawać zawiesinę skrobi kukurydzianej. Doprowadzić mieszaninę do wrzenia na średnim ogniu i gotować, mieszając żaroodporną szpatułką, aż lekko zgęstnieje, około 1 minuty. Zdjąć z ognia.

e) Schłodzić Stopniowo mieszaj gorącą mieszaninę mleka z serkiem śmietankowym, aż będzie gładka. Dodaj krakersy i pozostaw mieszaninę do stromego aż krakersy się rozpuszczą, około 3 minut. Przetrzyj mieszaninę przez sito, następnie wlej ją do 1-litrowej torebki do zamrażania Ziplock i zanurz zamkniętą torebkę w łaźni lodowej. Odstaw, w razie potrzeby dodając więcej lodu, aż ostygnie, około 30 minut.

f) Zamrażanie Wyjmij zamrożony pojemnik z zamrażarki, zmontuj maszynę do lodów i włącz ją. Wlej bazę lodową do zamrożonego pojemnika i wiruj, aż masa stanie się gęsta i kremowa.

g) Zapakuj lody do pojemnika do przechowywania. Dociśnij arkusz pergaminu bezpośrednio do powierzchni i zamknij hermetyczną pokrywką. Zamroź w najzimniejszej części zamrażarki, aż będzie twarda, co najmniej 4 godziny.

14. Lody maślane z miodem

Daje około 1 kwarty

Składniki:

- 2 szklanki maślanki
- 1 łyżka plus 2 łyżeczki skrobi kukurydzianej
- 2 uncje (4 łyżki) serka śmietankowego, zmiękczonego
- ¼ łyżeczki drobnej soli morskiej
- ½ łyżeczki kurkumy (dla koloru; opcjonalnie)
- Szczypta pieprzu cayenne lub do smaku
- ⅔ szklanki miodu
- 1 ½ szklanki gęstej śmietanki
- ½ szklanki żwiru z miodowego chleba kukurydzianego

Wskazówki:

a) Zmieszaj około 2 łyżek maślanki ze skrobią kukurydzianą w małej misce, aby uzyskać gładką zawiesinę.

b) W średniej misce utrzyj serek śmietankowy, sól i kurkumę, jeśli używasz, oraz pieprz cayenne, aż masa będzie gładka.

c) Napełnij dużą miskę lodem i wodą.

d) Gotuj Miód podgrzej w 4-litrowym rondlu na średnim ogniu, aż zacznie wrzeć i zacznie dymić. Zdejmij rondelek z ognia i dodaj około ¼ szklanki śmietanki. Powoli dodawaj pozostałą śmietanę, mieszając, aż się połączy.

e) Dodać pozostałą maślankę, doprowadzić do wrzenia na średnim ogniu i gotować przez 4 minuty. Zdjąć z ognia i stopniowo dodawać zawiesinę skrobi kukurydzianej. Doprowadzić mieszaninę do wrzenia na średnim ogniu i gotować, mieszając żaroodporną szpatułką, aż lekko zgęstnieje, około 1 minuty. Zdjąć z ognia.

f) Schłodzić Stopniowo mieszaj gorącą mieszaninę mleka z serkiem śmietankowym, aż będzie gładka. Wlać mieszaninę do 1-litrowej torebki do zamrażania Ziplock i zanurz zamkniętą torebkę w łaźni lodowej. Odstaw, w razie potrzeby dodając więcej lodu, aż ostygnie, około 30 minut.

g) Zamrażanie Wyjmij zamrożony pojemnik z zamrażarki, zmontuj maszynę do lodów i włącz ją. Wlej bazę lodową do zamrożonego pojemnika i wiruj, aż masa stanie się gęsta i kremowa.

h) Zapakuj lody do pojemnika do przechowywania, mieszając po drodze żwir z chleba kukurydzianego. Dociśnij arkusz pergaminu bezpośrednio do powierzchni i zamknij hermetyczną pokrywką. Zamroź w najzimniejszej części zamrażarki, aż będzie twarda, co najmniej 4 godziny.

15. Lody Pumpernikiel

Daje około 1 kwarty

Składniki:

- 2⅔ szklanki pełnego mleka
- 1 łyżka plus 2 łyżeczki skrobi kukurydzianej
- 2 uncje (4 łyżki) serka śmietankowego, zmiękczonego
- ⅛ łyżeczki drobnej soli morskiej
- 1 ½ szklanki gęstej śmietanki
- ¾ szklanki cukru
- 2 łyżki melasy
- 2 łyżki jasnego syropu kukurydzianego
- 3 do 4 kropli olejku kminkowego
- ½ szklanki żwiru Pumpernikiel

Wskazówki:

a) Zmieszaj około 2 łyżek mleka ze skrobią kukurydzianą w małej misce, aby uzyskać gładką zawiesinę.

b) W średniej misce ubij serek śmietankowy i sól na gładką masę.

c) Napełnij dużą miskę lodem i wodą.

d) Gotuj Połącz pozostałe mleko, śmietanę, cukier, melasę i syrop kukurydziany w rondlu o pojemności 4 litrów, zagotuj na średnim ogniu i gotuj przez 4 minuty. Zdjąć z ognia i stopniowo dodawać zawiesinę skrobi kukurydzianej. Doprowadzić mieszaninę do wrzenia na średnim ogniu i gotować, mieszając żaroodporną szpatułką, aż lekko zgęstnieje, około 1 minuty. Zdjąć z ognia.

e) Schłodzić Stopniowo mieszaj gorącą mieszaninę mleka z serkiem śmietankowym, aż będzie gładka. Wlać mieszaninę do 1-litrowej torebki do zamrażania Ziplock i zanurz zamkniętą torebkę w łaźni lodowej. Odstaw, w razie potrzeby dodając więcej lodu, aż ostygnie, około 30 minut.

f) Zamrażanie Wyjmij zamrożony pojemnik z zamrażarki, zmontuj maszynę do lodów i włącz ją. Do pojemnika wlej bazę lodową, dodaj olej kminkowy i wiruj, aż masa stanie się gęsta i kremowa.

g) Zapakuj lody do pojemnika do przechowywania, mieszając dodając żwirek z Pumpernikla. Dociśnij arkusz pergaminu bezpośrednio do powierzchni i zamknij hermetyczną pokrywką.

h) Zamroź w najzimniejszej części zamrażarki, aż będzie twarda, co najmniej 4 godziny.

16. Lody Tortowe Kolibry

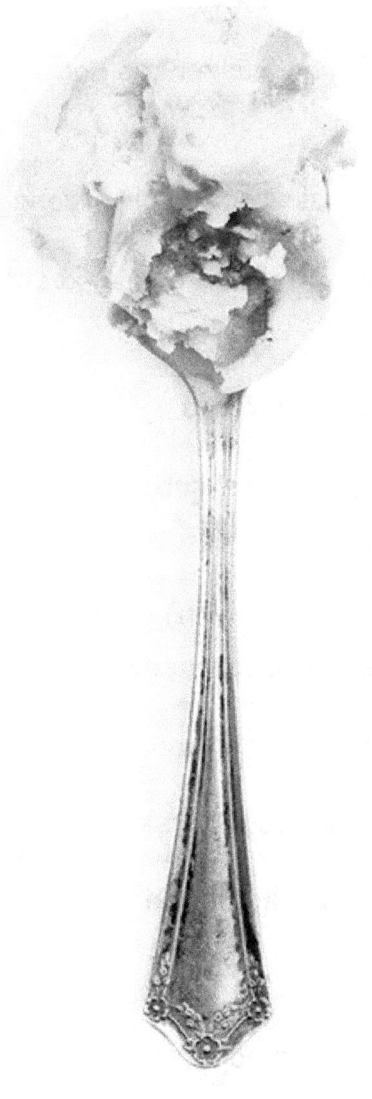

Daje około 1 kwarty

Składniki:

- ½ szklanki grubo pokruszonego Lady Cake, schłodzonego
- 3 łyżki sosu ananasowego, schłodzonego
- 2 łyżki posiekanych prażonych orzechów pekan
- 2⅔ szklanki pełnego mleka
- 1 łyżka plus 2 łyżeczki skrobi kukurydzianej
- 5 uncji (10 łyżek stołowych) serka śmietankowego, zmiękczonego
- ¼ łyżeczki mielonego cynamonu
- ⅛ łyżeczki drobnej soli morskiej
- 1 ½ szklanki gęstej śmietanki
- ¾ szklanki cukru
- ¼ szklanki jasnego syropu kukurydzianego
- 1 dojrzały banan

- 1 łyżeczka ekstraktu waniliowego

Wskazówki:

a) Wymieszaj ciasto, sos ananasowy i orzechy pekan w dużej misce i zamroź, aby wykorzystać je później.

b) Zmieszaj około 2 łyżek mleka ze skrobią kukurydzianą w małej misce, aby uzyskać gładką zawiesinę.

c) W średniej misce ubij serek śmietankowy, cynamon i sól na gładką masę.

d) Napełnij dużą miskę lodem i wodą.

e) Gotuj Połącz pozostałe mleko, śmietanę, cukier i syrop kukurydziany w rondlu o pojemności 4 litrów, zagotuj na średnim ogniu i gotuj przez 4 minuty. Zdjąć z ognia i stopniowo dodawać zawiesinę skrobi kukurydzianej. Doprowadzić ponownie do wrzenia na średnim ogniu i gotować, mieszając żaroodporną szpatułką, aż lekko zgęstnieje, około 1 minuty. Zdjąć z ognia.

f) Schłodzić Stopniowo mieszaj gorącą mieszaninę mleka z serkiem śmietankowym, aż będzie gładka.

g) Obierz banana, pokrój go na kawałki i zmiksuj w robocie kuchennym, aż będzie całkowicie gładki. Wymieszaj puree z bazą lodową i wymieszaj z ekstraktem waniliowym. Wlać mieszaninę do 1-litrowej torebki do zamrażania Ziplock i zanurz zamkniętą torebkę w łaźni lodowej. Odstaw, w razie potrzeby dodając więcej lodu, aż ostygnie, około 30 minut.

h) Zamrażanie Wyjmij zamrożony pojemnik z zamrażarki, zmontuj maszynę do lodów i włącz ją. Wlej bazę lodową do zamrożonego pojemnika i wiruj, aż masa stanie się gęsta i kremowa.

i) Łyżką dodaj miękkie lody do ciasta/sosu ananasowego/mieszanki orzechów pekan i wymieszaj, aż składniki się dokładnie połączą – pracuj szybko, aby lody się nie roztopiły! Zapakuj do pojemnika do przechowywania.

j) Dociśnij arkusz pergaminu bezpośrednio do powierzchni i zamknij hermetyczną pokrywką. Zamroź w najzimniejszej części zamrażarki, aż będzie twarda, co najmniej 4 godziny.

17. Lody Mango Manchego

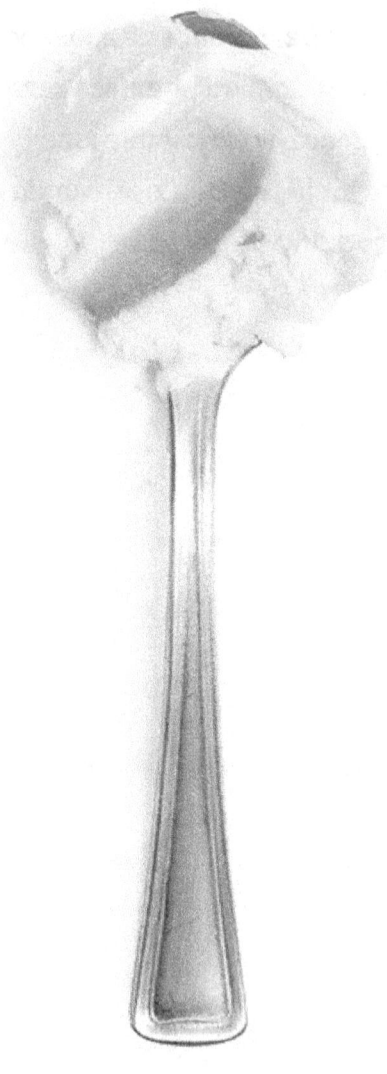

Daje około 1 kwarty

Składniki:

- 2⅔ szklanki pełnego mleka
- 1 łyżka plus 2 łyżeczki skrobi kukurydzianej
- 2 uncje (4 łyżki) serka śmietankowego, zmiękczonego
- ⅛ łyżeczki drobnej soli morskiej
- 1 ½ szklanki gęstej śmietanki
- ¾ szklanki cukru
- ¼ szklanki jasnego syropu kukurydzianego
- 1 szklanka posiekanego Manchego
- ½ szklanki dżemu z mango

Wskazówki:

a) Zmieszaj około 2 łyżek mleka ze skrobią kukurydzianą w małej misce, aby uzyskać gładką zawiesinę.

b) W średniej misce ubij serek śmietankowy i sól na gładką masę.

c) Napełnij dużą miskę lodem i wodą.

d) Gotuj Połącz pozostałe mleko, śmietanę, cukier i syrop kukurydziany w rondlu o pojemności 4 litrów, zagotuj na średnim ogniu i gotuj przez 4 minuty. Zdjąć z ognia i stopniowo dodawać zawiesinę skrobi kukurydzianej i Manchego. Doprowadzić mieszaninę do wrzenia na średnim ogniu i gotować, mieszając żaroodporną szpatułką, aż lekko zgęstnieje, około 1 minuty. Zdjąć z ognia.

e) Schłodzić Stopniowo mieszaj gorącą mieszaninę mleka z serkiem śmietankowym, aż będzie gładka. Wlać mieszaninę do 1-litrowej torebki do zamrażania Ziplock i zanurz zamkniętą torebkę w łaźni lodowej. Odstaw, w razie potrzeby dodając więcej lodu, aż ostygnie, około 30 minut.

f) Zamrażanie Wyjmij zamrożony pojemnik z zamrażarki, zmontuj maszynę do lodów i włącz ją. Wlej bazę lodową do pojemnika i wiruj, aż masa stanie się gęsta i kremowa.

g) Zapakuj lody do pojemnika do przechowywania, układając warstwy dżemu. Dociśnij arkusz pergaminu bezpośrednio do powierzchni i zamknij hermetyczną pokrywką.

h) Zamroź w najzimniejszej części zamrażarki, aż będzie twarda, co najmniej 4 godziny.

18. Krem bimberowo-syropowy kukurydziany

Daje około 1 kwarty

Składniki:

- 2⅔ szklanki pełnego mleka
- 1 łyżka plus 2 łyżeczki skrobi kukurydzianej
- 2 uncje (4 łyżki) serka śmietankowego, zmiękczonego
- ⅛ łyżeczki drobnej soli morskiej
- 1 ½ szklanki gęstej śmietanki
- ⅔ szklanki cukru
- ¼ szklanki jasnego syropu kukurydzianego
- ⅓ do ½ szklanki bimbru lub białej whisky
- ⅔ szklanki prażonych, solonych połówek orzechów pekan
- ½ szklanki kremu z syropu kukurydzianego

Wskazówki:

a) Zmieszaj około 2 łyżek mleka ze skrobią kukurydzianą w małej misce, aby uzyskać gładką zawiesinę.

b) W średniej misce ubij serek śmietankowy i sól na gładką masę.

c) Napełnij dużą miskę lodem i wodą.

d) Gotuj Połącz pozostałe mleko, śmietanę, cukier i syrop kukurydziany w rondlu o pojemności 4 litrów, zagotuj na średnim ogniu i gotuj przez 4 minuty. Zdjąć z ognia i stopniowo dodawać zawiesinę skrobi kukurydzianej. Doprowadzić mieszaninę do wrzenia na średnim ogniu i gotować, mieszając żaroodporną szpatułką, aż lekko zgęstnieje, około 1 minuty. Zdjąć z ognia.

e) Schłodzić Stopniowo mieszaj gorącą mieszaninę mleka z serkiem śmietankowym, aż będzie gładka. Wlać mieszaninę do 1-litrowej torebki do zamrażania Ziplock i zanurz zamkniętą torebkę w łaźni lodowej. Odstaw, w razie potrzeby dodając więcej lodu, aż ostygnie, około 30 minut. Wymieszaj bimber.

f) Zamrażanie Wyjmij zamrożony pojemnik z zamrażarki, zmontuj maszynę do lodów i włącz ją. Wlej bazę lodową do pojemnika i wiruj, aż masa stanie się gęsta i kremowa.

g) Zapakuj lody do pojemnika do przechowywania, po drodze układając warstwy orzechów pekan i kremu. Dociśnij arkusz pergaminu bezpośrednio do powierzchni i zamknij hermetyczną pokrywką.

h) Zamroź w najzimniejszej części zamrażarki, aż będzie twarda, co najmniej 4 godziny.

19. Lody Wiśniowe Białego Domu

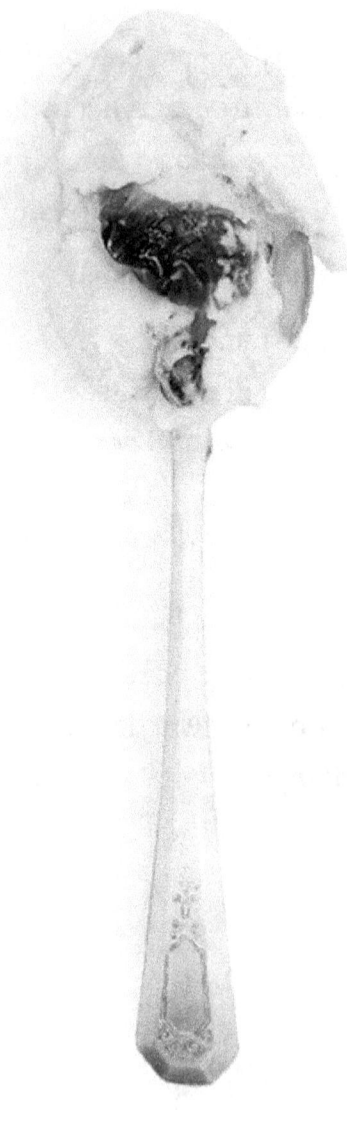

Daje około 1 kwarty

Składniki:

- 2⅔ szklanki pełnego mleka
- 1 łyżka plus 2 łyżeczki skrobi kukurydzianej
- 2 uncje (4 łyżki) serka śmietankowego, zmiękczonego
- ⅛ łyżeczki drobnej soli morskiej
- 1 ½ szklanki gęstej śmietanki
- ¾ szklanki cukru
- ¼ szklanki jasnego syropu kukurydzianego
- 1 do 2 kropli ekstraktu z kwiatu wiśni
- 4 uncje białej czekolady, posiekanej
- ¼ szklanki wiśni białych, odsączonych
- Garść pistacji (opcjonalnie)

Wskazówki:

a) Zmieszaj około 2 łyżek mleka ze skrobią kukurydzianą w małej misce, aby uzyskać gładką zawiesinę.

b) W średniej misce ubij serek śmietankowy i sól na gładką masę.

c) Napełnij dużą miskę lodem i wodą.

d) Gotuj Połącz pozostałe mleko, śmietanę, cukier i syrop kukurydziany w rondlu o pojemności 4 litrów, zagotuj na średnim ogniu i gotuj przez 4 minuty. Zdjąć z ognia i stopniowo dodawać zawiesinę skrobi kukurydzianej. Doprowadzić mieszaninę do wrzenia na średnim ogniu i gotować, mieszając żaroodporną szpatułką, aż lekko zgęstnieje, około 1 minuty. Zdjąć z ognia.

e) Schłodzić Stopniowo mieszaj gorącą mieszaninę mleka z serkiem śmietankowym, aż będzie gładka. Wlać mieszaninę do 1-litrowego worka do zamrażania Ziplock i zanurzyć zamkniętą torebkę w łaźni lodowej. Odstaw, w razie potrzeby dodając więcej lodu, aż ostygnie, około 30 minut.

f) Zamrażanie Wyjmij zamrożony pojemnik z zamrażarki, zmontuj maszynę do lodów i włącz ją. Wlej bazę lodową do pojemnika, dodaj ekstrakt z kwiatów wiśni i wiruj, aż masa stanie się gęsta i kremowa. W międzyczasie rozpuść czekoladę w podwójnym bojlerze nad gotującą się wodą. Zdejmij z ognia i ostudź, aż będzie letni, ale nadal nalewający się.

g) Gdy lody będą już prawie gotowe, stopniowo wlewaj roztopioną czekoladę przez otwór w górnej części urządzenia i poczekaj, aż lody stwardnieją, a następnie rozbijaj je na lodach przez około 2 minuty.

h) Zapakuj lody do pojemnika do przechowywania, dodając wiśnie i pistacje, jeśli ich używasz, po drodze. Dociśnij arkusz pergaminu bezpośrednio do powierzchni i zamknij hermetyczną pokrywką.

i) Zamroź w najzimniejszej części zamrażarki, aż będzie twarda, co najmniej 4 godziny.

20. Lody Yazoo Sue

Daje około 1 kwarty

Składniki:

- 2⅔ szklanki pełnego mleka
- 1 łyżka plus 2 łyżeczki skrobi kukurydzianej
- 2 uncje (4 łyżki) serka śmietankowego, zmiękczonego
- ⅛ łyżeczki drobnej soli morskiej
- 1 ½ szklanki gęstej śmietanki
- ¾ szklanki cukru
- ¼ szklanki jasnego syropu kukurydzianego
- ⅓ szklanki wędzonego porteru
- ½ szklanki orzechów rozmarynowych

Wskazówki:

a) Zmieszaj około 2 łyżek mleka ze skrobią kukurydzianą w małej misce, aby uzyskać gładką zawiesinę.

b) W średniej misce ubij serek śmietankowy i sól na gładką masę.

c) Napełnij dużą miskę lodem i wodą.

d) Gotuj Połącz pozostałe mleko, śmietanę, cukier i syrop kukurydziany w rondlu o pojemności 4 litrów, zagotuj na średnim ogniu i gotuj przez 4 minuty.

e) Zdjąć z ognia i stopniowo dodawać zawiesinę skrobi kukurydzianej. Doprowadzić mieszaninę do wrzenia na średnim ogniu i gotować, mieszając żaroodporną szpatułką, aż lekko zgęstnieje, około 1 minuty. Zdjąć z ognia.

f) Schłodzić Stopniowo ubij gorącą mieszaninę mleka z serkiem śmietankowym, aż będzie gładka, a następnie dodaj piwo. Wlać mieszaninę do 1-litrowego worka do zamrażania Ziplock i zanurzyć zamkniętą torebkę w łaźni lodowej. Odstaw, w razie potrzeby dodając więcej lodu, aż ostygnie, około 30 minut.

g) Zamrażanie Wyjmij zamrożony pojemnik z zamrażarki, zmontuj maszynę do lodów i włącz ją. Wlej bazę lodową do pojemnika i wiruj, aż masa stanie się gęsta i kremowa.

h) Zapakuj lody do pojemnika do przechowywania, po drodze dodając orzechy. Dociśnij arkusz pergaminu bezpośrednio do powierzchni i zamknij hermetyczną pokrywką.

i) Zamroź w najzimniejszej części zamrażarki, aż będzie twarda, co najmniej 4 godziny.

21. Maślanka miękka – do podania

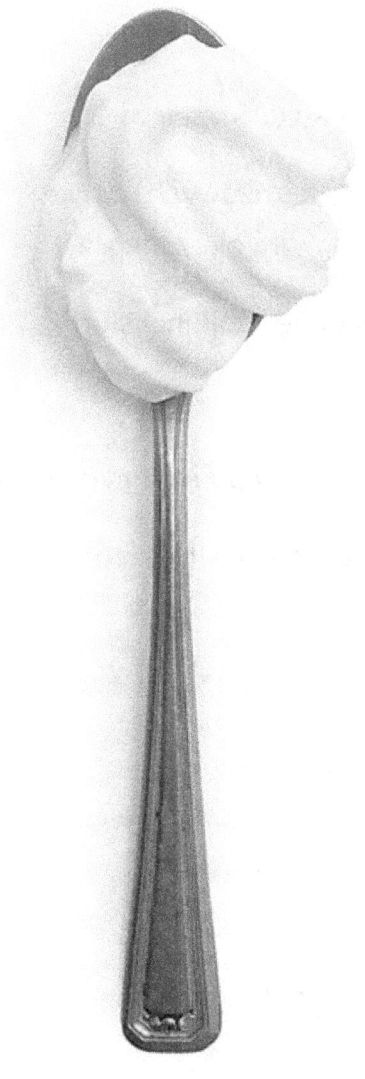

Daje około 1 kwarty

Składniki:

- 1 ¼ szklanki ciężkiej śmietanki
- 2 łyżki skrobi kukurydzianej
- 3 uncje (6 łyżek stołowych) serka śmietankowego, zmiękczonego
- ¼ łyżeczki drobnej soli morskiej
- ⅔ szklanki cukru
- 2 łyżki jasnego syropu kukurydzianego
- 2 ½ szklanki maślanki, mleka pełnego lub mleka 2%.

Wskazówki:

a) Wymieszaj 3 do 4 łyżek śmietanki ze skrobią kukurydzianą w małej misce, aby uzyskać gładką zawiesinę.

b) W średniej misce ubij serek śmietankowy i sól na gładką masę.

c) Napełnij dużą miskę lodem i wodą.

d) Gotuj Połącz pozostałą śmietanę, cukier i syrop kukurydziany w rondlu o pojemności 4 litrów, zagotuj na średnim ogniu i gotuj przez 4 minuty. Zdjąć z ognia i stopniowo dodawać zawiesinę skrobi kukurydzianej. Doprowadzić mieszaninę do wrzenia na średnim ogniu i gotować, mieszając żaroodporną szpatułką, aż lekko zgęstnieje, około 20 sekund. Zdjąć z ognia.

e) Schłodzić Stopniowo mieszaj gorącą mieszaninę mleka z serkiem śmietankowym, aż będzie gładka. Wymieszaj maślankę.

f) Wlać mieszaninę do 1-litrowego worka Ziplock i zanurzyć zamkniętą torebkę w łaźni lodowej. Odstaw, w razie potrzeby dodając więcej lodu, aż ostygnie, około 30 minut.

g) Zamrażać

h) Jeśli używasz maszyny do miękkiego serwowania

i) Wyjmij zamrożony pojemnik z zamrażarki, zmontuj maszynę do lodów i włącz ją. Wlej bazę lodową do pojemnika i wiruj, aż masa stanie się gęsta i kremowa. Użyj uchwytu, aby wypuścić część lodów do miski. Jeśli lody są zbyt miękkie, wrzuć je z powrotem i ubijaj, aż uzyskają pożądaną konsystencję. Natychmiast podawaj.

j) Jeśli używasz zwykłej maszyny do lodów

k) Wyjmij zamrożony pojemnik z zamrażarki, zmontuj maszynę do lodów i włącz ją. Wlej bazę lodową do pojemnika i wiruj, aż masa stanie się gęsta i kremowa.

l) Podawaj bezpośrednio z maszyny lub, w przypadku wersji na gałkę, zapakuj lody do pojemnika do przechowywania. Dociśnij arkusz pergaminu bezpośrednio do powierzchni i zamknij hermetyczną pokrywką.

m) Zamroź w najzimniejszej części zamrażarki, aż będzie twarda, co najmniej 4 godziny.

KREM

22. Mrożony krem ze słoną wanilią

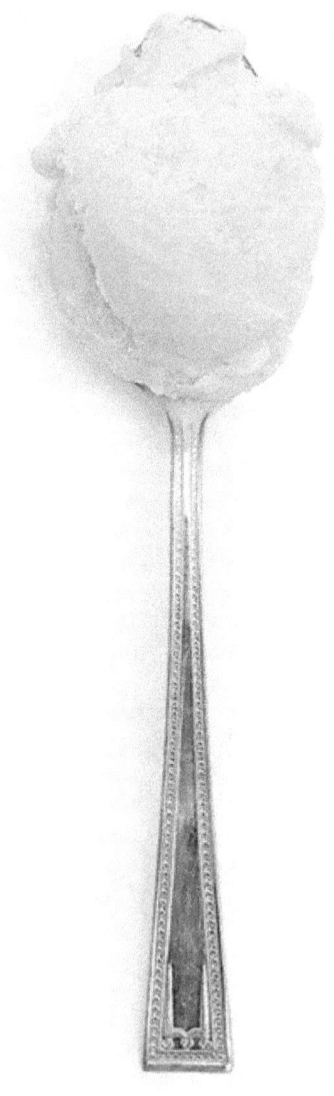

Daje około 1 kwarty

Składniki:

- 2¾ szklanki pełnego mleka
- 6 dużych żółtek
- 1 łyżka plus 2 łyżeczki skrobi kukurydzianej
- 1 uncja (2 łyżki) serka śmietankowego, zmiękczonego
- ¾ łyżeczki drobnej soli morskiej
- 3 łyżeczki ekstraktu waniliowego
- 1 szklanka gęstej śmietanki
- ¾ szklanki cukru
- 2 łyżki jasnego syropu kukurydzianego

Wskazówki:

a) wymieszaj około 2 łyżek mleka, żółtka i skrobię kukurydzianą i odłóż na bok.

b) W średniej misce ubij serek śmietankowy, sól i wanilię, aż masa będzie gładka.

c) Napełnij dużą miskę lodem i wodą.

d) Gotuj Połącz pozostałe mleko, śmietanę, cukier i syrop kukurydziany w rondlu o pojemności 4 litrów, zagotuj na średnim ogniu i gotuj przez 4 minuty.

e) Zdejmij z ognia i stopniowo dodawaj około 2 szklanek gorącej mieszanki mlecznej do mieszanki żółtka, po jednej łyżce na raz, dobrze mieszając po każdym dodaniu.

f) Wlać mieszaninę z powrotem do rondla i podgrzewać na średnim ogniu, ciągle mieszając żaroodporną szpatułką, aż mieszanina się zagotuje. Zdjąć z ognia i w razie potrzeby przetrzeć przez sito.

g) Schłodzić Stopniowo mieszaj gorącą mieszaninę mleka z mieszanką serka śmietankowego, aż będzie gładka. Wlać mieszaninę do 1-litrowej torebki do zamrażania Ziplock i zanurz zamkniętą torebkę w łaźni lodowej. Odstaw, w razie potrzeby dodając więcej lodu, aż ostygnie, około 30 minut.

h) Zamrażanie Wyjmij zamrożony pojemnik z zamrażarki, zmontuj maszynę do lodów i włącz ją. Wlej bazę kremową do pojemnika i wiruj, aż masa będzie gęsta i kremowa.

i) Zapakuj krem do pojemnika do przechowywania. Dociśnij arkusz pergaminu bezpośrednio do powierzchni i zamknij hermetyczną pokrywką. Zamroź w najzimniejszej części zamrażarki, aż będzie twarda, co najmniej 4 godziny.

23. Mrożony krem z tostów francuskich

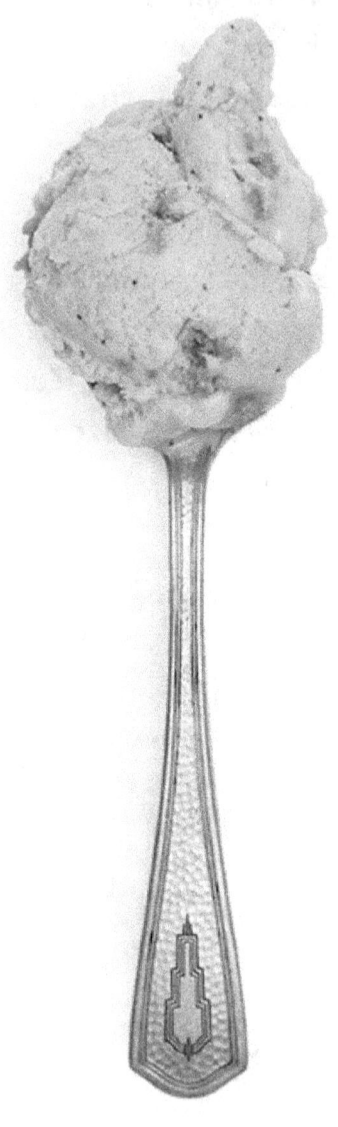

Daje około 1 kwarty

Składniki:

- 2¾ szklanki pełnego mleka
- 6 dużych żółtek
- 1 łyżka plus 2 łyżeczki skrobi kukurydzianej
- 1 uncja (2 łyżki) serka śmietankowego, zmiękczonego
- ½ łyżeczki ekstraktu waniliowego
- 1 łyżeczka mielonego cynamonu
- 1 łyżeczka świeżo palonej, drobno zmielonej kawy
- ¼ łyżeczki soli
- 1 szklanka gęstej śmietanki
- 2 łyżki jasnego syropu kukurydzianego
- 1 ½ szklanki syropu klonowego
- ½ szklanki (¼ cala) kostek brioszki (od 2 do 3 plasterków brioszki), tostowych lub żwiru z tostów francuskich

Wskazówki:

a) wymieszaj około 2 łyżek mleka, żółtka i skrobię kukurydzianą i odłóż na bok.

b) W średniej misce ubij serek śmietankowy, wanilię, cynamon, kawę i sól, aż masa będzie gładka.

c) W małej misce wymieszaj śmietanę z syropem kukurydzianym.

d) Napełnij dużą miskę lodem i wodą.

e) Gotuj Syrop klonowy zagotuj w 4-litrowym rondlu na średnim ogniu. Zmniejsz ogień do średniego i kontynuuj gotowanie przez 8 minut, aż syrop zredukuje się o połowę. Zdejmij z ognia i stopniowo dodawaj śmietankę, po chochelce na raz, cały czas mieszając. Wmieszać pozostałe mleko.

f) Wróć rondelek na płytę kuchenną i podgrzej na średnim ogniu, doprowadzając mieszaninę do wrzenia i gotuj przez 4 minuty (może wyglądać na zsiadłą od kwaśnego klonu, ale powróci do gotowego kremu).

g) Zdjąć z ognia i stopniowo dodawać około 2 filiżanek tej mieszaniny do mieszanki żółtka jaja, po jednej łyżce na raz, dobrze mieszając po każdym dodaniu.

h) Wlać mieszaninę do rondla i podgrzewać na średnim ogniu, aż mieszanina ponownie się zagotuje, a następnie zdjąć z ognia. W razie potrzeby przecedź przez sito.

i) Schłodzić Stopniowo mieszaj gorącą mieszaninę mleka z mieszanką serka śmietankowego, aż będzie gładka. Wlać mieszaninę do 1-litrowej torebki do zamrażania Ziplock i zanurz zamkniętą torebkę w łaźni lodowej. Odstaw, w razie potrzeby dodając więcej lodu, aż ostygnie, około 30 minut.

j) Zamrażanie Wyjmij zamrożony pojemnik z zamrażarki, zmontuj maszynę do lodów i włącz ją. Wlej bazę kremu do pojemnika i wiruj, aż masa będzie gęsta i kremowa.

k) Zapakuj krem do pojemnika do przechowywania, mieszając po drodze z podpieczonymi kostkami brioszki. Dociśnij arkusz pergaminu bezpośrednio do powierzchni i zamknij hermetyczną pokrywką. Zamroź w najzimniejszej części zamrażarki, aż będzie twarda, co najmniej 4 godziny.

24. Mrożony krem z ajerkoniaku

Daje około 1 kwarty

Składniki:

- 2¾ szklanki pełnego mleka
- 6 dużych żółtek
- 1 łyżka plus 2 łyżeczki skrobi kukurydzianej
- 1 uncja (2 łyżki) serka śmietankowego, zmiękczonego
- ½ łyżeczki drobnej soli morskiej
- ⅛ łyżeczki startej gałki muszkatołowej
- ½ łyżeczki ekstraktu waniliowego
- 1 szklanka gęstej śmietanki
- ¾ szklanki cukru
- 2 łyżki jasnego syropu kukurydzianego
- ¼ szklanki whisky (lub rumu lub brandy)

Wskazówki:

a) wymieszaj około 2 łyżek mleka, żółtka i skrobię kukurydzianą i odłóż na bok.

b) W średniej misce ubij serek śmietankowy, sól, gałkę muszkatołową i wanilię, aż masa będzie gładka.

c) Napełnij dużą miskę lodem i wodą.

d) Gotuj Połącz pozostałe mleko, śmietanę, cukier i syrop kukurydziany w rondlu o pojemności 4 litrów, zagotuj na średnim ogniu i gotuj przez 4 minuty.

e) Zdejmij z ognia i stopniowo dodawaj około 2 szklanek gorącej mieszanki mlecznej do mieszanki żółtka, po jednej łyżce na raz, dobrze mieszając po każdym dodaniu.

f) Wlać mieszaninę z powrotem do rondla i podgrzewać na średnim ogniu, ciągle mieszając żaroodporną szpatułką, aż mieszanina się zagotuje. Zdjąć z ognia i w razie potrzeby przetrzeć przez sito.

g) Schłodzić Stopniowo mieszaj gorącą mieszaninę mleka z mieszanką serka śmietankowego, aż będzie gładka. Wlać mieszaninę do 1-litrowej torebki do zamrażania Ziplock i zanurz zamkniętą torebkę w łaźni lodowej. Odstaw, w razie potrzeby dodając więcej lodu, aż ostygnie, około 30 minut.

h) Zamrażanie Wyjmij zamrożony pojemnik z zamrażarki, zmontuj maszynę do lodów i włącz ją. Wlej bazę kremową do kanistra, dodaj whisky i wiruj, aż masa będzie gęsta i kremowa.

i) Zapakuj krem do pojemnika do przechowywania. Dociśnij arkusz pergaminu bezpośrednio do powierzchni i zamknij hermetyczną pokrywką. Zamroź w najzimniejszej części zamrażarki, aż będzie twarda, co najmniej 4 godziny.

25. Krem bisque z kwiatami pomarańczy

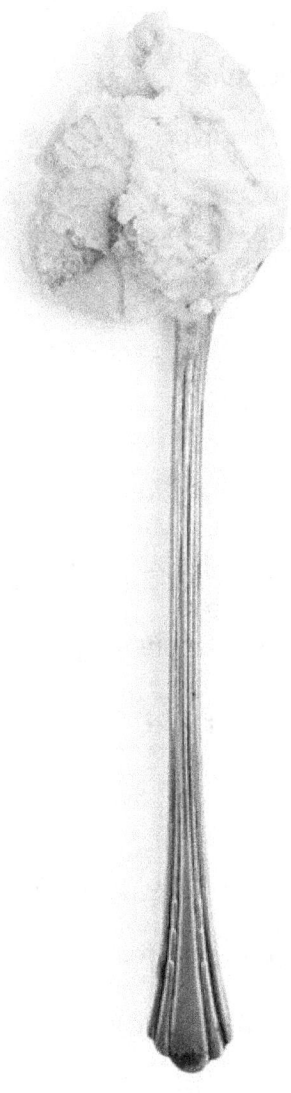

Daje około 1 kwarty

Składniki:

- $2\frac{3}{4}$ szklanki pełnego mleka
- 6 dużych żółtek
- 1 łyżka plus 2 łyżeczki skrobi kukurydzianej
- 1 uncja (2 łyżki) serka śmietankowego, zmiękczonego
- 2 łyżeczki ekstraktu waniliowego
- $\frac{3}{4}$ łyżeczki ekstraktu migdałowego
- $\frac{1}{2}$ łyżeczki drobnej soli morskiej
- 1 szklanka gęstej śmietanki
- $\frac{3}{4}$ szklanki cukru
- 2 łyżki jasnego syropu kukurydzianego
- 1 do 2 kropli olejku neroli
- $\frac{1}{2}$ szklanki prażonych migdałów, bardzo drobno posiekanych
- $\frac{1}{2}$ szklanki pokruszonych ciasteczek amaretti

- 12 do 16 wiśni Amarena (patrz Źródła ; opcjonalnie)

Wskazówki:

a) wymieszaj około 2 łyżek mleka, żółtka i skrobię kukurydzianą i odłóż na bok.

b) W średniej misce ubij serek śmietankowy, wanilię, ekstrakt migdałowy i sól, aż masa będzie gładka.

c) Napełnij dużą miskę lodem i wodą.

d) Gotuj Połącz pozostałe mleko, śmietanę, cukier i syrop kukurydziany w rondlu o pojemności 4 litrów, zagotuj na średnim ogniu i gotuj przez 4 minuty.

e) Zdejmij z ognia i stopniowo dodawaj około 2 szklanek gorącej mieszanki mlecznej do mieszanki żółtka, po jednej łyżce na raz, dobrze mieszając po każdym dodaniu.

f) Wlać mieszaninę z powrotem do rondla i podgrzewać na średnim ogniu, ciągle mieszając żaroodporną szpatułką, aż mieszanina się zagotuje. Zdjąć z ognia i w razie potrzeby przetrzeć przez sito.

g) Schłodzić Stopniowo mieszaj gorącą mieszaninę mleka z mieszanką serka śmietankowego, aż będzie gładka. Wlać mieszaninę do 1-litrowej torebki do zamrażania Ziplock i zanurz zamkniętą torebkę w łaźni lodowej. Odstaw, w razie potrzeby dodając więcej lodu, aż ostygnie, około 30 minut.

h) Zamrażanie Wyjmij zamrożony pojemnik z zamrażarki, zmontuj maszynę do lodów i włącz ją. Wlej bazę kremu do pojemnika, wlej olejek neroli na wierzch i wiruj, aż masa będzie gęsta i kremowa.

i) Zapakuj krem do pojemnika do przechowywania, układając po drodze prażone migdały i amaretti. Dociśnij arkusz pergaminu bezpośrednio do powierzchni i zamknij hermetyczną pokrywką. Zamroź w najzimniejszej części zamrażarki, aż będzie twarda, co najmniej 4 godziny.

j) Udekoruj wiśniami, jeśli używasz, podczas serwowania.

26. Karmelowy Crème sans Lait

Daje około 1 kwarty

Składniki:

- 2 ¾ szklanki mleka migdałowego
- 2 łyżki skrobi z tapioki
- ⅓ szklanki surowych orzechów nerkowca
- 2 uncje (4 łyżki) wegańskiego serka śmietankowego
- 1 ¼ szklanki rafinowanego oleju kokosowego w temperaturze pokojowej
- ½ łyżeczki drobnej soli morskiej
- ⅓ szklanki jasnego syropu kukurydzianego
- ⅔ szklanki cukru
- 1 laska wanilii, podzielona, nasiona wyskrobane, nasiona i fasola zachowane

Wskazówki:

a) Zmieszaj około 2 łyżek mleka migdałowego ze skrobią z tapioki w małej misce, aby uzyskać gładką zawiesinę. Jeśli używasz surowych orzechów nerkowca, rozdrobnij je na bardzo drobną pastę w robocie kuchennym lub w moździerzu.

b) Ubij w misce serek śmietankowy, jeśli go używasz, olej kokosowy, pastę z nerkowców i sól, aż uzyskasz gładką i kremową masę.

c) Wlej syrop kukurydziany do pozostałego mleka migdałowego w misce.

d) Napełnij dużą miskę lodem i wodą.

e) Gotuj Podgrzej cukier w 4-litrowym rondlu na średnim ogniu, aż się rozpuści i nabierze złotego bursztynu .

f) Zdjąć z ognia i ciągle mieszając, powoli dodawać odrobinę mieszanki mleka migdałowego do karmelu: karmel będzie syczeć, strzelać i tryskać.

g) Mieszaj, aż składniki dobrze się połączą, następnie dodaj trochę więcej mleka migdałowego i wymieszaj. Dodawaj stopniowo mleko, aż całe się połączy.

h) Powoli dodaj zawiesinę skrobi z tapioki, nasiona wanilii i fasolę. Postaw patelnię na ogniu, zagotuj na średnim ogniu i gotuj, mieszając żaroodporną szpatułką, przez 20 do 30 sekund, aż mieszanina lekko zgęstnieje.

i) Zdjąć z ognia. Jeśli pozostaną drobinki karmelu, przecedź mieszaninę przez sito.

j) Schładzaj Stopniowo mieszaj gorącą mieszaninę mleka z mieszaniną serka śmietankowego, mieszając, aż dobrze się połączy.

k) Wlać mieszaninę do 1-litrowej torebki do zamrażania Ziplock i zanurz zamkniętą torebkę w łaźni lodowej. Odstaw, w razie potrzeby dodając więcej lodu, aż ostygnie, około 30 minut.

l) Zamrażanie Wyjmij zamrożony pojemnik z zamrażarki, zmontuj maszynę do lodów i włącz ją. Wlej bazę kremu do pojemnika i wiruj, aż masa będzie gęsta i kremowa.

m) Wyjmij laskę wanilii i wyrzuć. Zapakuj krem do pojemnika do przechowywania.

n) Dociśnij arkusz pergaminu bezpośrednio do powierzchni i zamknij hermetyczną pokrywką.

o) Zamroź w najzimniejszej części zamrażarki, aż będzie twarda, co najmniej 4 godziny.

MROŻONY JOGURT

27. Świeży imbirowy mrożony jogurt

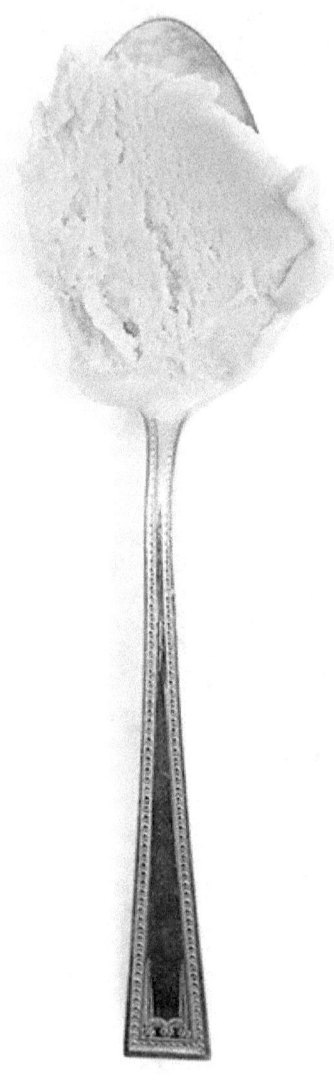

Daje około 1 kwarty

Składniki:

Baza mrożonego jogurtu

- 1 litr zwykłego jogurtu o niskiej zawartości tłuszczu
- 1 $\frac{1}{2}$ szklanki pełnego mleka
- 2 łyżki skrobi kukurydzianej
- 2 uncje (4 łyżki) serka śmietankowego, zmiękczonego
- $\frac{1}{2}$ łyżeczki proszku z buraków (dla koloru; patrz Źródła ; opcjonalnie)
- $\frac{1}{8}$ łyżeczki kurkumy (dla koloru; opcjonalnie)
- $\frac{1}{2}$ szklanki gęstej śmietanki
- $\frac{2}{3}$ szklanki cukru
- $\frac{1}{4}$ szklanki jasnego syropu kukurydzianego

Syrop Imbirowy

- ½ szklanki świeżego soku z cytryny (z 2 do 3 cytryn)

- 3 łyżki cukru

- 2 uncje świeżego imbiru (kawałek o długości około 4 cali), obranego i pokrojonego na ⅛-calowe monety

- ½ łyżeczki sproszkowanego imbiru

Wskazówki:

Do przecedzonego jogurtu

a) Sito ustawiamy nad miską i wykładamy je dwiema warstwami gazy. Jogurt przelać na sito, przykryć folią i wstawić do lodówki na 6–8 godzin, aby odciekł. Odlej płyn i odmierz 1¼ szklanki przecedzonego jogurtu; odłożyć na bok.

Do syropu imbirowego

b) Połączyć sok z cytryny z cukrem w małym rondlu i doprowadzić do wrzenia na średnim ogniu, mieszając, aby rozpuścić cukier. Zdjąć z ognia, dodać pokrojony imbir i sproszkowany imbir, ostudzić.

Odcedź pokrojony imbir i odstaw syrop na bok.

Na bazę mrożonego jogurtu

c) Zmieszaj około 2 łyżek mleka ze skrobią kukurydzianą w małej misce, aby uzyskać gładką zawiesinę.

d) Ubij serek śmietankowy, proszek z buraków i kurkumę, jeśli używasz, w średniej misce, aż uzyskasz gładką masę.

e) Napełnij dużą miskę lodem i wodą.

f) Gotuj Połącz pozostałe mleko, śmietanę, cukier i syrop kukurydziany w rondlu o pojemności 4 litrów, zagotuj na średnim ogniu i gotuj przez 4 minuty. Zdjąć z ognia i stopniowo dodawać zawiesinę skrobi kukurydzianej. Doprowadzić mieszaninę do wrzenia na średnim ogniu i gotować, mieszając żaroodporną szpatułką, aż lekko zgęstnieje, około 1 minuty. Zdjąć z ognia.

g) Schłodzić Stopniowo mieszaj gorącą mieszaninę mleka z serkiem śmietankowym, aż będzie gładka. Dodaj 1

¼ szklanki jogurtu i syropu imbirowego. Wlać mieszaninę do 1-litrowej torebki do zamrażania Ziplock i zanurz zamkniętą torebkę w łaźni lodowej. Odstaw, w razie potrzeby dodając więcej lodu, aż ostygnie, około 30 minut.

h) Zamrażanie Wyjmij zamrożony pojemnik z zamrażarki, zmontuj maszynę do lodów i włącz ją. Wlej bazę mrożonego jogurtu do zamrożonego pojemnika i wiruj, aż masa będzie gęsta i kremowa.

i) Zapakuj mrożony jogurt do pojemnika do przechowywania. Dociśnij arkusz pergaminu bezpośrednio do powierzchni i zamknij hermetyczną pokrywką. Zamroź w najzimniejszej części zamrażarki, aż będzie twarda, co najmniej 4 godziny.

28. Świeży brzoskwiniowy mrożony jogurt

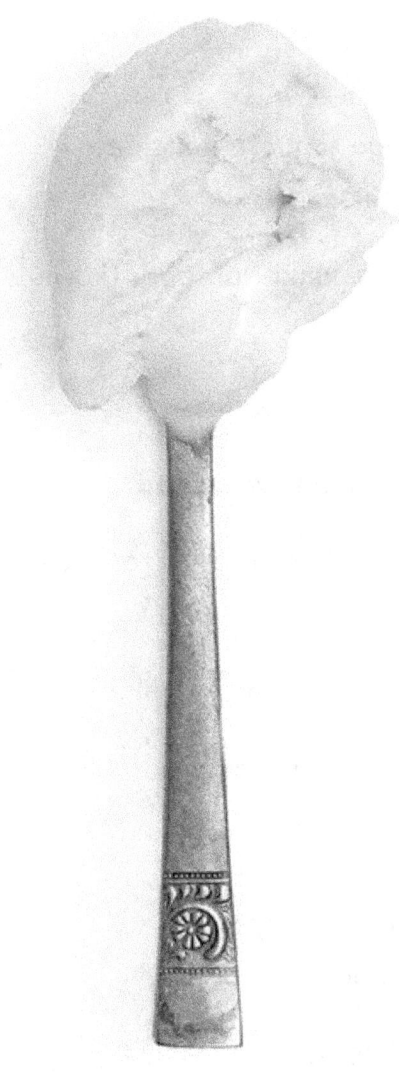

Daje około 1 kwarty

Składniki:

Baza mrożonego jogurtu

- 1 litr zwykłego jogurtu o niskiej zawartości tłuszczu
- ⅔ szklanki maślanki (lub dodatkowego mleka pełnego)
- 1 szklanka pełnego mleka
- 2 łyżki skrobi kukurydzianej
- 2 uncje (4 łyżki) serka śmietankowego, zmiękczonego
- ¼ łyżeczki drobnej soli morskiej
- ½ szklanki gęstej śmietanki
- ⅔ szklanki cukru
- ¼ szklanki jasnego syropu kukurydzianego

Puree Brzoskwiniowe

- 2 do 3 dojrzałych złotych brzoskwiń, obranych, wypestkowanych i pokrojonych w grube kawałki

- ⅓ szklanki cukru

- ¼ szklanki świeżego soku z cytryny (z około 2 cytryn)

Wskazówki:

Do przecedzonego jogurtu

a) Sito ustawiamy nad miską i wykładamy je dwiema warstwami gazy. Jogurt przelać na sito, przykryć folią i wstawić do lodówki na 6–8 godzin, aby odciekł. Odlej płyn i odmierz 1¼ szklanki przecedzonego jogurtu. Dodać maślankę i odstawić.

Do mrożonego jogurtu

b) Zmieszaj około 2 łyżek mleka ze skrobią kukurydzianą w małej misce, aby uzyskać gładką zawiesinę.

c) W średniej misce ubij serek śmietankowy i sól na gładką masę.

d) Napełnij dużą miskę lodem i wodą.

Na puree brzoskwiniowe

e) Zmiksuj brzoskwinie w robocie kuchennym. Przełóż ⅔ szklanki puree do małej miski. Resztę zarezerwuj do innego użytku.

f) Połącz cukier i sok z cytryny w średnim rondlu i zagotuj na średnim ogniu, mieszając, aż cukier się rozpuści. Dodać do puree brzoskwiniowego i ostudzić.

g) Gotuj Połącz pozostałe mleko, śmietanę, cukier i syrop kukurydziany w rondlu o pojemności 4 litrów, zagotuj na średnim ogniu i gotuj przez 4 minuty. Zdjąć z ognia i stopniowo dodawać zawiesinę skrobi kukurydzianej. Doprowadzić mieszaninę do wrzenia na średnim ogniu i gotować, mieszając żaroodporną szpatułką, aż lekko zgęstnieje, około 1 minuty. Zdjąć z ognia.

h) Schłodzić Stopniowo mieszaj gorącą mieszaninę mleka z serkiem śmietankowym, aż będzie gładka. Dodaj zarezerwowane 1 ¼ szklanki jogurtu i puree brzoskwiniowego. Wlać mieszaninę do 1-litrowej torebki do zamrażania Ziplock i zanurz zamkniętą torebkę w łaźni lodowej. Odstaw, w razie potrzeby dodając więcej lodu, aż ostygnie, około 30 minut.

i) Zamrażanie Wyjmij zamrożony pojemnik z zamrażarki, zmontuj maszynę do lodów i włącz ją. Wlej bazę mrożonego jogurtu do zamrożonego pojemnika i wiruj, aż masa będzie gęsta i kremowa.

j) Zapakuj mrożony jogurt do pojemnika do przechowywania. Dociśnij arkusz pergaminu bezpośrednio do powierzchni i zamknij hermetyczną pokrywką. Zamroź w najzimniejszej części zamrażarki, aż będzie twarda, co najmniej 4 godziny.

29. Ciasto Islandzkie Mrożony Jogurt

Daje około 1 kwarty

Składniki:

- 1 ½ szklanki pełnego mleka
- 2 łyżki skrobi kukurydzianej
- 1¼ szklanki skyr
- 2 uncje (4 łyżki) serka śmietankowego, zmiękczonego
- ½ szklanki gęstej śmietanki
- ⅔ szklanki cukru
- ¼ szklanki jasnego syropu kukurydzianego
- ½ szklanki pokruszonego Lady Cake, zamrożonego
- ½ szklanki Streusel, zrobionej z płatków owsianych i pieczonej przez dodatkowe 20 minut
- ⅔ szklanki duszonego sosu rabarbarowego

Wskazówki:

a) wymieszaj około 2 łyżek mleka ze skrobią kukurydzianą, aby uzyskać gładką zawiesinę.

b) W średniej misce ubij skyr i serek śmietankowy na gładką masę.

c) Napełnij dużą miskę lodem i wodą.

d) Gotuj Połącz pozostałe mleko, śmietanę, cukier i syrop kukurydziany w rondlu o pojemności 4 litrów, zagotuj na średnim ogniu i gotuj przez 4 minuty.

e) Zdjąć z ognia i stopniowo dodawać zawiesinę skrobi kukurydzianej. Doprowadzić mieszaninę do wrzenia na średnim ogniu i gotować, mieszając żaroodporną szpatułką, aż lekko zgęstnieje, około 1 minuty. Zdjąć z ognia.

f) Schłodzić Stopniowo mieszaj gorącą mieszaninę mleka z serkiem śmietankowym, aż będzie gładka. Wlać mieszaninę do 1-litrowej torebki do zamrażania Ziplock i zanurz zamkniętą torebkę w łaźni lodowej. Odstaw, w razie potrzeby dodając więcej lodu, aż ostygnie, około 30 minut.

g) Zamrażanie Wyjmij zamrożony pojemnik z zamrażarki, zmontuj maszynę do lodów i włącz ją. Wlej bazę jogurtową do pojemnika i wiruj, aż masa będzie gęsta i kremowa.

h) Działając szybko, zapakuj mrożony jogurt do pojemnika do przechowywania, naprzemiennie warstwami mrożonego jogurtu, ciasta, kruszonki i sosu rabarbarowego. Dociśnij arkusz pergaminu bezpośrednio do powierzchni i zamknij hermetyczną pokrywką.

i) Zamroź w najzimniejszej części zamrażarki, aż będzie twarda, co najmniej 4 godziny.

SORBET

30. Sorbet Belliniego

Daje około 1 kwarty

Składniki:

- 4 dojrzałe brzoskwinie (około 1¾ funta), obrane, wypestkowane i zmiksowane w robocie kuchennym
- ⅔ szklanki cukru
- ¼ szklanki jasnego syropu kukurydzianego
- ⅔ filiżanki białego burgunda
- 3 łyżki świeżego soku z cytryny

Wskazówki:

a) Gotuj Połącz puree z brzoskwiń, cukier, syrop kukurydziany, wino i sok z cytryny w średnim rondlu i zagotuj, mieszając, aż cukier się rozpuści. Przenieść do średniej miski i ostudzić.

b) Schłodzenie Bazę sorbetową włożyć do lodówki i chłodzić co najmniej 2 godziny.

c) Zamrażanie Wyjmij zamrożony pojemnik z zamrażarki, zmontuj maszynę do lodów i włącz ją. Bazę sorbetową wlać do puszki i kręcić aż do uzyskania konsystencji bardzo delikatnie ubitej śmietany.

d) Zapakuj sorbet do pojemnika do przechowywania. Dociśnij arkusz pergaminu bezpośrednio do powierzchni i zamknij hermetyczną pokrywką. Zamroź w najzimniejszej części zamrażarki, aż będzie twarda, co najmniej 4 godziny.

31. Sorbet grejpfrutowy

Daje około 1 kwarty

Składniki:

- 4 owoce winogron
- 3 łyżki świeżego soku z cytryny
- ½ szklanki jasnego syropu kukurydzianego
- ⅔ szklanki cukru
- Opcjonalne aromaty: kilka gałązek estragonu, bazylii lub lawendy; lub ½ połówki laski wanilii, bez nasion
- ¼ szklanki wódki

Wskazówki:

a) Przygotowanie Za pomocą obieraczki usuń 3 paski skórki z 1 grejpfruta. Wszystkie owoce winogron przekrój na pół i wyciśnij z nich 3 szklanki soku.

b) Gotuj Połącz sok grejpfrutowy, skórkę, sok z cytryny, syrop kukurydziany i cukier w rondlu o pojemności 4 litrów i zagotuj, mieszając, aby rozpuścić cukier.

Przenieść do średniej miski, dodać aromaty, jeśli ich używasz, i ostudzić.

c) Schłodzić Usuń skórkę z grejpfruta. Bazę sorbetową wkładamy do lodówki i chłodzimy co najmniej 2 godziny.

d) Zamrażanie Wyjmij bazę sorbetową z lodówki i odcedź wszelkie aromaty. Dodaj wódkę. Wyjmij zamrożony pojemnik z zamrażarki, zmontuj maszynę do lodów i włącz ją. Bazę sorbetową wlać do puszki i kręcić aż do uzyskania konsystencji bardzo delikatnie ubitej śmietany.

e) Zapakuj sorbet do pojemnika do przechowywania. Dociśnij arkusz pergaminu bezpośrednio do powierzchni i zamknij hermetyczną pokrywką. Zamroź w najzimniejszej części zamrażarki, aż będzie twarda, co najmniej 4 godziny.

f)

32. Sorbet śliwkowy

Daje około 1 kwarty

Składniki:

- 2 funty dojrzałych czarnych śliwek (około 7), pozbawionych pestek, ale nieobranych
- ⅔ szklanki cukru
- ½ szklanki jasnego syropu kukurydzianego
- 1 szklanka sake śliwkowego
- 2 łyżki świeżego soku z cytryny

Wskazówki:

a) Przygotuj puree ze śliwek w robocie kuchennym, aż będą gładkie. Przełożyć do średniej miski.

b) Gotuj Połącz cukier i syrop kukurydziany w rondlu o pojemności 4 litrów i zagotuj, mieszając, aby rozpuścić cukier. Gorący syrop cukrowy ubij z puree śliwkowym.

c) Schłodzenie Włóż masę śliwkową do lodówki i schładzaj przez co najmniej 2 godziny.

d) Mieszankę śliwek przecedź przez sito ustawione nad miską, następnie dodaj sake i sok z cytryny.

e) Zamrażanie Wyjmij zamrożony pojemnik z zamrażarki, zmontuj maszynę do lodów i włącz ją. Bazę sorbetową wlać do puszki i kręcić aż do uzyskania konsystencji bardzo delikatnie ubitej śmietany.

f) Zapakuj sorbet do pojemnika do przechowywania. Dociśnij arkusz pergaminu bezpośrednio do powierzchni i zamknij hermetyczną pokrywką.

g) Zamroź w najzimniejszej części zamrażarki, aż będzie twarda, co najmniej 4 godziny.

33. Sorbet z czerwonych malin

Daje około 1 kwarty

Składniki:

- 5 litrów malin
- 1⅓ szklanki cukru
- 1 szklanka syropu kukurydzianego
- ½ szklanki wódki

Wskazówki:

a) Przygotowanie Zmiksuj maliny w robocie kuchennym na gładką masę. Przetrzyj przez sito, aby usunąć nasiona.

b) Gotuj Połącz puree malinowe, cukier i syrop kukurydziany w rondlu o pojemności 4 litrów i zagotuj na średnim ogniu, mieszając, aby rozpuścić cukier. Zdjąć z ognia, przenieść do średniej miski i ostudzić.

c) Schłodzenie Bazę sorbetową włożyć do lodówki i chłodzić co najmniej 2 godziny.

d) Zamrażanie Wyjmij bazę sorbetową z lodówki i dodaj wódkę. Wyjmij zamrożony pojemnik z zamrażarki, zmontuj maszynę do lodów i włącz ją. Bazę sorbetową wlać do puszki i kręcić aż do uzyskania konsystencji bardzo delikatnie ubitej śmietany.

e) Zapakuj sorbet do pojemnika do przechowywania. Dociśnij arkusz pergaminu bezpośrednio do powierzchni i zamknij hermetyczną pokrywką.

f) Zamroź w najzimniejszej części zamrażarki, aż będzie twarda, co najmniej 4 godziny.

34. Sorbet z owoców pestkowych

Daje około 1 kwarty

Składniki:

- 2 funty owoców pestkowych (takich jak 1 średnia obrana brzoskwinia, 2 duże śliwki, 4 morele i 16 ciemnoczerwonych wiśni), bez pestek
- ⅔ szklanki cukru
- ⅓ szklanki jasnego syropu kukurydzianego
- ¼ szklanki wódki z owoców pestkowych

Wskazówki:

a) Przygotowanie Zmiel owoce w robocie kuchennym, aż będą gładkie.

b) Gotuj Połącz puree owocowe, cukier i syrop kukurydziany w rondlu o pojemności 4 litrów i zagotuj, mieszając, aby rozpuścić cukier. Zdjąć z ognia, przenieść do średniej miski i ostudzić.

c) Schłodzenie Przecedzić mieszaninę przez sito do drugiej miski. Włożyć do lodówki i chłodzić co najmniej 2 godziny.

d) Zamrażanie Wyjmij bazę sorbetową z lodówki i dodaj wódkę. Wyjmij zamrożony pojemnik z zamrażarki, zmontuj maszynę do lodów i włącz ją. Bazę sorbetową wlać do puszki i kręcić aż do uzyskania konsystencji bardzo delikatnie ubitej śmietany.

e) Zapakuj sorbet do pojemnika do przechowywania. Dociśnij arkusz pergaminu bezpośrednio do powierzchni i zamknij hermetyczną pokrywką. Zamroź w najzimniejszej części zamrażarki, aż będzie twarda, co najmniej 4 godziny.

35. Trawa pszeniczna i sorbet Vinho Verde

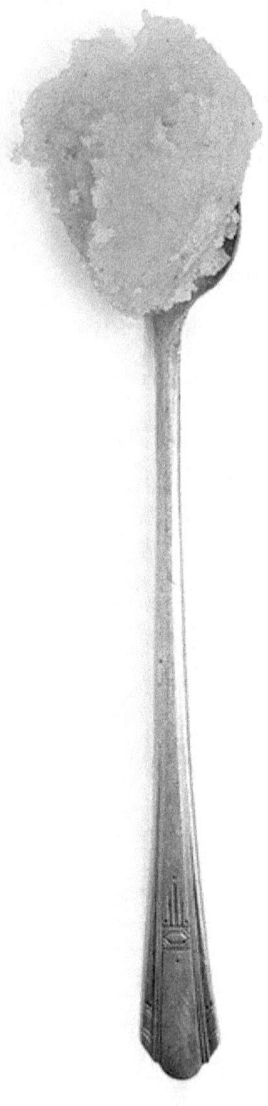

Daje około 1 kwarty

Składniki:

- 2 dojrzałe gruszki przekrojone na pół, pozbawione gniazd nasiennych i pokrojone w kostkę
- 2 jabłka Granny Smith, obrane, przekrojone na połówki, wydrążone i pokrojone w kostkę
- ½ szklanki soku z trawy pszenicznej
- ½ szklanki vinho verde
- ¼ szklanki jasnego syropu kukurydzianego
- 1 szklanka cukru
- 1 łyżka świeżego soku z cytryny
- ¼ łyżeczki kurkumy

Wskazówki:

a) Przygotuj puree z gruszek i jabłek w robocie kuchennym, aż będą gładkie. Połącz puree, sok z trawy pszenicznej i vinho verde w średniej misce.

b) Gotuj W średnim rondlu połącz syrop kukurydziany, cukier, sok z cytryny i kurkumę, jeśli używasz, i zagotuj, mieszając, aby rozpuścić cukier. Zdjąć z ognia i wymieszać z puree gruszkowo-jabłkowym, aż składniki się dokładnie połączą. Przenieść do średniej miski i ostudzić.

c) Schłodzenie Bazę sorbetową włożyć do lodówki i chłodzić co najmniej 2 godziny.

d) Zamrażanie Wyjmij zamrożony pojemnik z zamrażarki, zmontuj maszynę do lodów i włącz ją. Bazę sorbetową wlać do puszki i kręcić aż do uzyskania konsystencji bardzo delikatnie ubitej śmietany.

e) Zapakuj sorbet do pojemnika do przechowywania. Dociśnij arkusz pergaminu bezpośrednio do powierzchni i zamknij hermetyczną pokrywką. Zamroź w najzimniejszej części zamrażarki, aż będzie twarda, co najmniej 4 godziny.

PIECZONE DESERY LODOWE

36. Ciasto czekoladowe

Na 8 do 10 porcji

Składniki:

- 1 ¼ szklanki niebielonej mąki uniwersalnej lub mąki bezglutenowej
- 1 ¼ szklanki cukru
- ½ łyżeczki sody oczyszczonej
- ½ łyżeczki drobnej soli morskiej
- 4 ½ uncji niesłodzonej czekolady (99% kakao), drobno posiekanej
- ¼ szklanki niesłodzonego kakao w proszku
- 1 filiżanka gorącej kawy
- ⅔ szklanki kwaśnej śmietany
- 1 duże jajko, ubite
- 2 łyżeczki ekstraktu waniliowego
- Polewa czekoladowa do podania
- Proszek kakaowy do posypania
- Lody do wyboru do podania

Wskazówki:

a) Umieść stojak na środku piekarnika i rozgrzej piekarnik do 325°F. Posmaruj masłem okrągłą foremkę do ciasta o średnicy 9 cali. Na dno połóż kawałek pergaminu, posmaruj go masłem, następnie posyp mąką, a nadmiar strząśnij.

b) W dużej misce wymieszaj mąkę, cukier, sodę oczyszczoną i sól.

c) Połącz czekoladę i kakao. Do powstałej masy wlać gorącą kawę i wymieszać, aż masa będzie gładka. Wymieszaj śmietanę, jajko i wanilię. Mieszaj śmietanę z mąką, aż się połączy.

d) Ciasto wlać do tortownicy i wygładzić wierzch grzbietem łyżki. Piecz przez 40 do 45 minut, aż wbita w środek wykałaczka będzie wysunięta z kilkoma wilgotnymi okruchami. Całkowicie ostudź na patelni na kratce.

e) Odwróć ciasto i usuń pergamin. Do tego ciasta wystarczy odrobina cukru pudru. Możesz też spróbować polać warstwą polewy czekoladowej, posypać kakao i podać z gałką lodów jak na zdjęciu.

37. Pani Ciasto

Na 8 do 12 porcji

Składniki:

- 1 szklanka mąki tortowej (nie samorosnącej), mąki pszennej, mąki kukurydzianej lub mąki bezglutenowej
- ¼ łyżeczki sody oczyszczonej
- ½ łyżeczki proszku do pieczenia
- ¾ łyżeczki drobnej soli morskiej
- 6 łyżek (¾ kostki) niesolonego masła, miękkiego
- ¾ szklanki cukru
- 2 duże jajka w temperaturze pokojowej
- 1 łyżeczka ekstraktu waniliowego
- ¾ szklanki kwaśnej śmietany lub maślanki

Wskazówki:

a) Rozgrzej piekarnik do 325°F. Posmaruj masłem spód 9-calowej okrągłej formy do ciasta. Wyłóż arkusz pergaminu i posmaruj go masłem. Oprósz mąką i strząśnij jej nadmiar.

b) Przesiej dwukrotnie mąkę, sodę oczyszczoną, proszek do pieczenia i sól. Odłożyć na bok. Połącz masło i cukier w średniej misce i ubijaj na dużej prędkości mikserem elektrycznym, aż masa będzie gęsta i blada, około 4 minut, w razie potrzeby zdrapując boki miski. Dodaj 1 jajko i ubijaj, aż składniki się dokładnie połączą. Dodaj drugie jajko i wanilię i ubijaj, aż składniki się dokładnie połączą. Zgarnij boki miski i ubijaj ciasto, aż będzie gładkie.

c) Dodaj około jedną trzecią mieszanki mąki i delikatnie wymieszaj gumową szpatułką. Dodać około połowy kwaśnej śmietany. Dodaj kolejną jedną trzecią mieszanki mąki i wymieszaj, następnie dodaj pozostałą śmietanę i na koniec dodaj resztę mąki. Nie przesadzaj z mieszaniem.

d) Ciasto wlać do przygotowanej formy. Piecz przez 40 do 50 minut, aż wbita w środek wykałaczka będzie wysunięta z kilkoma wilgotnymi okruszkami. Studzić w formie na kratce przez 10 minut, następnie odwrócić ciasto na kratkę, wyjąć pergamin i pozostawić do całkowitego ostygnięcia.

38. Ciasto Bezowe

Na 8 porcji

Składniki:

- 4 duże białka jaj w temperaturze pokojowej
- ¼ łyżeczki kremu z kamienia nazębnego
- 1 szklanka cukru
- Baza na 1 porcję dowolnych lodów (przygotowanych dzień wcześniej i schłodzonych przez noc)

Wskazówki:

a) Umieścić stojaki w górnej i dolnej jednej trzeciej części piekarnika i rozgrzać piekarnik do 200°F. Narysuj 8-calowe koło na każdym z dwóch arkuszy pergaminu, odwróć papier i wyłóż pergaminem dwie duże blachy do pieczenia.

b) Używając miksera elektrycznego, ubij białka jaj w dużej misce przy średnio-niskiej prędkości, aż się spienią, około 45 sekund.

c) Dodaj krem z kamienia nazębnego, zwiększ prędkość do średnio-wysokiej i ubijaj białka, aż będą białe i gęste (konsystencja kremu do golenia), około 2 minut.

d) Powoli dodawaj cukier, cały czas ubijaj, a następnie ubijaj białka, aż powstanie sztywna piana. (Odwróć ubijaczkę do góry nogami: jeśli szczyty nie opadną, oznacza to, że są gotowe.)

e) Załóż rękaw cukierniczy z gładką końcówką o średnicy $\frac{1}{4}$ cala i wypełnij bezą. Wyciskaj bezę spiralnie, w każdym narysowanym okręgu, zaczynając od środka i kierując się ku wyjściu.

f) Piec przez 1,5 godziny lub do czasu, aż zewnętrzna strona bez będzie gładka, sucha i jędrna. Wyłącz piekarnik i pozostaw bezy do wystygnięcia w piekarniku na kilka godzin.

g) Pomiędzy bezy ułóż kawałek pergaminu, zawiń w folię i włóż do zamrażarki na noc.

h) Następnego dnia wyjmij zamrożony pojemnik z zamrażarki, złóż maszynę do lodów i włącz ją. Włóż bazę lodową do zamrażarki i wiruj, aż masa stanie się gęsta i kremowa.

i) Gdy lody będą gotowe, wyłącz maszynę i pozostaw w niej lody.

j) Wyjmij jedną skorupkę bezy z zamrażarki i połóż ją do góry nogami na blasze wyłożonej pergaminem. Pracując szybko, nałóż łyżką i rozsmaruj około 2 cali lodów na bezie, zbliżając się do około $\frac{1}{2}$ cala od krawędzi.

k) Wyjmij drugą bezę z zamrażarki i szybko połóż ją na wierzchu, prawą stroną do góry. Włóż ciasto bezowe z powrotem do zamrażarki i zamrażaj przez co najmniej 4 godziny lub do 1 dnia.

l) Pozostałe lody zapakuj do pojemnika do przechowywania. Dociśnij arkusz pergaminu bezpośrednio do powierzchni i zamknij hermetyczną pokrywką. Zamrażaj w najzimniejszej części zamrażarki, aż stwardnieje, co najmniej 4 godziny, i możesz podać później.

m) Aby podać, wyjmij ciasto z zamrażarki, pokrój na 8 części i natychmiast podawaj.

n)

39. Ciasto Mochi

Na 8 do 10 porcji

Składniki:

- 2 szklanki słodkiej mąki ryżowej
- 1 ¼ szklanki cukru
- 1¾ łyżeczki proszku do pieczenia
- Szczypta mielonego cynamonu
- 1⅓ szklanki skondensowanego mleka
- 1 ¼ szklanki niesłodzonego mleka kokosowego
- 2 duże jajka w temperaturze pokojowej
- 1 ½ łyżeczki ekstraktu waniliowego
- 5½ łyżek roztopionego, niesolonego masła

Wskazówki:

a) Umieść stojak na środku piekarnika i rozgrzej piekarnik do 350°F. Posmaruj masłem formę do pieczenia chleba o wymiarach 9 na 5 cali.

b) Do dużej miski przesiej mąkę ryżową, cukier, proszek do pieczenia i cynamon.

c) Do miski dodać skondensowane mleko, mleko kokosowe, jajka, wanilię i masło i wymieszać. W środku suchych składników utwórz małe wgłębienie, wlej do nich składniki płynne i mieszaj aż do całkowitego połączenia.

d) Ciasto wlać do tortownicy i piec 35 minut.

e) Obróć formę z ciastem i piecz przez około 35 minut dłużej, aż wykałaczka wbita w środek ciasta będzie wysunięta i będzie do niej przylegać kilka wilgotnych okruszków.

f) Schładzaj ciasto w formie na kratce przez 10 minut, następnie przełóż je na kratkę, aby całkowicie ostygło.

g) Pokrój mochi w 1-calową kostkę. Rozpuść 1 łyżkę niesolonego masła na dużej patelni. Dodaj kostki, poczekaj, aż spód będzie złocisty, a następnie powtórz tę czynność z każdej strony. Podawać posypane lodami i owocami.

40. Grunt Ciasto z kaszą budyniową

Na 8 do 10 porcji

Składniki:

- 3 szklanki letniej wody
- ¾ szklanki grysu mielonego na kamieniu
- 1 ¼ szklanki niebielonej mąki uniwersalnej lub mąki bezglutenowej
- 1 ½ łyżeczki proszku do pieczenia
- ½ łyżeczki drobnej soli morskiej
- ½ funta (2 paluszki) niesolonego masła, zmiękczonego
- 1 szklanka plus 2 łyżki cukru
- 4 duże jajka w temperaturze pokojowej
- ½ szklanki kwaśnej śmietany lub maślanki
- Sos karmelowo-ancho-pomarańczowy do podania
- Lody do wyboru do podania

Wskazówki:

a) Doprowadź wodę do wrzenia w 2-litrowym rondlu.

b) Dodaj kaszę, ciągle mieszając, następnie gotuj, mieszając od czasu do czasu, aż będą miękkie i lekko odkleją się od ścianek patelni, 25 do 30 minut. Zdjąć z ognia i ostudzić do temperatury pokojowej.

c) Umieść stojak na środku piekarnika i rozgrzej piekarnik do 350°F. Posmaruj masłem naczynie do pieczenia o wymiarach 9 na 13 cali.

d) W średniej misce wymieszaj mąkę, proszek do pieczenia i sól.

e) Używając miksera elektrycznego, ubij masło i cukier w dużej misce, aż będą jasne i puszyste, około 2 minut. Dodawaj jajka, jedno po drugim, dobrze ubijając po każdym dodaniu.

f) Dodajemy śmietanę i kaszę, następnie dodajemy mieszankę mączną i ubijamy, aż składniki się połączą. Rozłóż równomiernie ciasto w przygotowanej formie.

g) Piec ciasto przez 35 do 40 minut, aż będzie złociste, a po wbitej w środek wykałaczce będzie po wyjęciu kilka wilgotnych okruszków. Przenieść ciasto na kratkę i studzić w formie przez 5 minut, następnie przesunąć nożem po krawędziach ciasta, aby je poluzować, odwrócić na kratkę i pozostawić do całkowitego ostygnięcia.

h) Podawać ze zdrową dawką sosu karmelowego ancho-pomarańczowego i gałką lub dwiema lodów.

41. Ciasto Arkuszowe

Na 8 do 10 porcji

Składniki:

Ciasto

- 3¾ szklanki niebielonej mąki uniwersalnej
- 1½ łyżeczki drobnej soli morskiej
- ¾ szklanki zimnego tłuszczu warzywnego
- 12 łyżek (1½ kostki) niesolonego masła, pokrojonego na kawałki i schłodzonego lub tłuszczu roślinnego
- ½ szklanki plus 1 łyżka wody z lodem
- 1 duże jajko
- 1 łyżeczka wody

Nadzienie owocowe

- 3 funty jabłek, śliwek, brzoskwiń lub wiśni, pokrojonych w plasterki, obrane i wydrążone; lub rabarbar pokrojony na ½-calowe kawałki; lub całe jeżyny, maliny lub jagody
- ½ łyżeczki mielonego cynamonu, kardamonu lub gałki muszkatołowej

- 1 łyżka świeżego soku z cytryny
- ½ szklanki) cukru
- ¼ szklanki mąki uniwersalnej

Wskazówki:

a) Aby przygotować ciasto, w dużej misce wymieszaj mąkę i sól. Używając dwóch noży lub noża do ciasta, pokrój tłuszcz i masło, aż mieszanina będzie przypominała gruby posiłek. Dodaj lodowatą wodę i dobrze wymieszaj.

b) Uformuj ciasto w kulę i ugniataj je lekko wierzchem dłoni na powierzchni roboczej przez kilka sekund, aby równomiernie rozprowadzić tłuszcze. Ciasto podzielić na pół.

c) Z każdej połówki uformuj kulę, spłaszcz ją w dysk i zawiń w folię spożywczą. Przechowywać w lodówce przez co najmniej 1 godzinę.

d) W międzyczasie, aby przygotować nadzienie, włóż owoce do dużej miski, dodaj wszystkie pozostałe składniki i mieszaj, aż owoce pokryją się równomiernie.

e) Rozgrzej piekarnik do 350°F.

f) Gdy ciasto odpocznie przez godzinę, lekko posyp mąką powierzchnię roboczą i rozwałkuj jeden kawałek ciasta na prostokąt o wymiarach 12 na 16 cali.

g) Zwiń ciasto na wałek do ciasta i przenieś je do formy na ćwiartkę arkusza, wyśrodkuj je w formie i dociśnij ciasto do krawędzi.

h) Nadzienie wlać do formy i rozprowadzić cienką warstwą.

i) Rozwałkuj drugi kawałek ciasta na wielkość ćwiartki blachy. Foremką do ciastek wytnij kilka otworów, aby para mogła uchodzić, lub przekłuj ciasto kilka razy widelcem.

j) Połóż go na nadzieniu. Złóż krawędzie dolnej skorupy na górną. Ubij jajko z 1 łyżeczką wody, aby powstało jajko i posmaruj nim wierzch ciasta.

k) Piec przez 45 minut lub do momentu, aż równomiernie się zarumieni, a krawędzie staną się wyjątkowo złote.

l) Podawaj natychmiast lub poczekaj, aż ostygnie na kratce i podawaj na ciepło lub w temperaturze pokojowej.

42. Tarty z lodami francuskimi

Na 12 tart

Składniki:

- 1 porcja ciasta cukrowego (przepis poniżej)

- Około 1 litra wybranych lodów, np. słony waniliowy mrożony krem

- $\frac{1}{2}$ szklanki dżemu morelowego, kupnego lub domowego

- 3 litry wybranych świeżych owoców, schłodzonych

- Bita śmietana (opcjonalnie)

Wskazówki:

a) Rozgrzej piekarnik do 350°F. Wytnij 12 kółek z pergaminu i wyłóż nimi dwanaście 4-calowych foremek do tart.

b) Rozwałkuj ciasto na grubość około $\frac{1}{8}$ cala. Wytnij dwanaście 5-calowych rund. Każdą rundę włóż do formy do tarty. Ułożyć na blaszce z ciasteczkami.

c) Piec przez 20 minut, aż będzie złociste. Pozostawić do całkowitego ostygnięcia na kratce, wyjąć muszelki z foremek i zamrażać co najmniej 30 minut.

d) Wyjmij muszle tart z zamrażarki, wypełnij do połowy świeżo przygotowanymi lub miękkimi lodami i włóż z powrotem do zamrażarki na co najmniej 1 godzinę. Połącz schłodzone owoce z dżemem morelowym.

e) Wyjmij muszle tart z zamrażarki i ułóż stosy lub wzory glazurowanych owoców i bitej śmietany. Podawać.

43. Ciasto Cukrowe

Wystarcza na 12 ręcznych tart lub piekieł

Składniki:

- 1 ½ szklanki niebielonej mąki uniwersalnej
- ⅓ szklanki cukru
- 8 łyżek (1 sztyft) niesolonego masła, pokrojonego w ½-calową kostkę i schłodzonego
- 2 uncje (4 łyżki) serka śmietankowego
- 2 duże żółtka, lekko ubite
- 2 łyżki bardzo zimnej, gęstej śmietanki

Wskazówki:

a) Włóż mąkę, cukier, masło i serek śmietankowy do robota kuchennego i pulsuj, aż mieszanina będzie wyglądać jak mączka migdałowa.

b) Dodaj żółtka i śmietanę, wymieszaj (lub kontynuuj mieszanie rękoma, aż masa będzie równomiernie wymieszana).

c) Ciasto podzielić na pół. Zagniataj połowę ciasta, aż połączy się w kulę, a następnie wciśnij je w płaski dysk o grubości około 2 cali. Zrób to samo z drugą połową.

d) Każdą porcję ciasta zawinąć w folię i schłodzić przez co najmniej 1 godzinę przed użyciem.

e)

44. Piekiełki

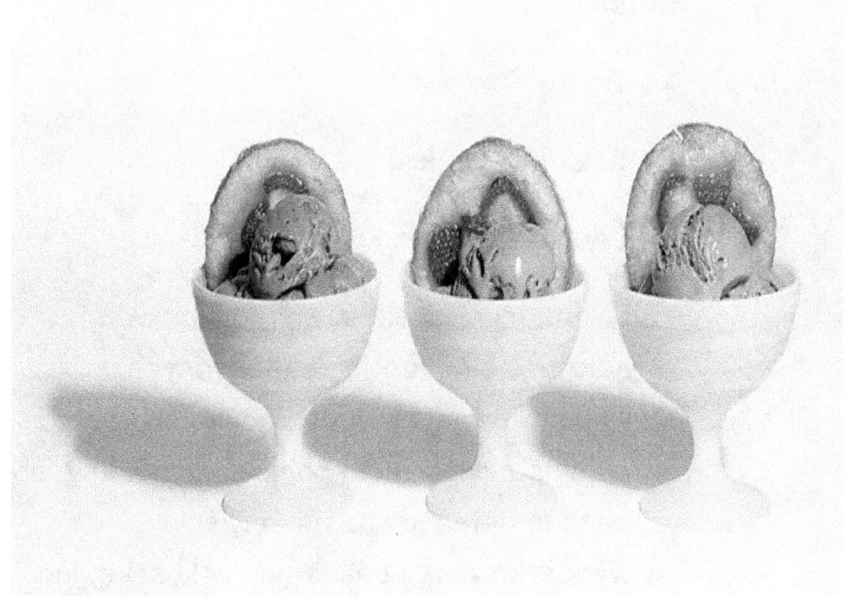

Na 12 do 24 piekieł

Składniki:

- Ciasto Cukrowe
- 1 szklanka cukru
- 1 łyżka skrobi kukurydzianej
- 1 funt truskawek, śliwek, brzoskwiń, nektarynek i/lub jabłek, obranych, wypestkowanych i pokrojonych na bardzo cienkie plasterki za pomocą mandoliny lub bardzo ostrego noża, lub wiśnie, wypestkowane i pokrojone w kostkę, lub ich kombinacja

Wskazówki:

a) Rozgrzej piekarnik do 350°F. Dwie blachy do pieczenia posmaruj masłem lub wyłóż je papierem pergaminowym.

b) Rozwałkuj ciasto na grubość około $\frac{1}{8}$ cala. Za pomocą foremki do ciastek lub foremek do ciastek pokrój w koła o średnicy od $2\frac{1}{2}$ do 3 cali i umieść na blasze do pieczenia.

c) W małej misce wymieszaj cukier i skrobię kukurydzianą. Obficie posmaruj każdy plasterek owocu, zanurzając go w mieszance cukru i obracając, aby pokrył się nim.

d) Połóż jeden kawałek na środku koła ciasta, a następnie ułóż wokół niego dodatkowe plasterki owoców. W razie potrzeby nałóż na siebie owoce. Powtórz tę czynność z pozostałym ciastem i owocami.

e) Piec przez 25 minut, aż będzie złociste. Wyjmij z piekarnika i pozostaw do ostygnięcia na blaszce przez 2 minuty, następnie przełóż na metalową kratkę i pozostaw do całkowitego ostygnięcia.

f) Podawaj od razu obok ulubionych lodów lub przechowuj w lodówce do 3 dni.

45. Jabłko Rabarbar Bette

Na 9 porcji

Składniki:

- 1 funt jabłek Honeycrisp lub Pink Lady, obranych, wydrążonych i pokrojonych w plasterki
- 1 funt rabarbaru, przycięty i pokrojony w $\frac{1}{4}$-calowe plasterki
- $\frac{1}{4}$ łyżeczki mielonego cynamonu
- $\frac{1}{8}$ łyżeczki mielonej gałki muszkatołowej
- $\frac{1}{2}$ łyżeczki drobnej soli morskiej
- 2 łyżki świeżego soku z cytryny
- 1 szklanka cukru
- 1 łyżka niebielonej mąki uniwersalnej
- 10 uncji rogalików lub brioszki (bez skórki), pokrojonych w 1-calową kostkę (około $4\frac{1}{2}$ filiżanki)
- 12 łyżek (1 $\frac{1}{2}$ kostki) niesolonego masła, roztopionego

Wskazówki:

a) Rozgrzej piekarnik do 375°F. Posmaruj masłem naczynie do pieczenia o wymiarach 8 na 8 cali.

b) Połącz jabłka i rabarbar w średniej misce. Dodaj cynamon, gałkę muszkatołową, sól, sok z cytryny, $\frac{3}{4}$ szklanki cukru i mąkę i mieszaj, aż cukier się rozpuści i pokrojone owoce całkowicie się nim pokryją.

c) Połącz chleb i pozostałą $\frac{1}{4}$ szklanki cukru w innej średniej misce. Wlać $\frac{1}{2}$ szklanki roztopionego masła na chleb i delikatnie wymieszać, tak aby kostki pozostały nienaruszone.

d) Aby złożyć Bette, rozłóż dwie trzecie owoców na dnie naczynia do pieczenia. Rozłóż jedną trzecią chleba na owocach. Powtórz tę czynność z pozostałymi owocami i chlebem.

e) Na wierzch wlej pozostałe $\frac{1}{4}$ szklanki masła i przykryj folią aluminiową. Piec 40 minut. Zdjąć folię i kontynuować pieczenie przez 10 do 15 minut, aż ciasto się zarumieni. Podawać gorące z piekarnika.

46. Ciasto jagodowe

Na 9 porcji

Składniki:

- 2 ½ funta jagód
- 1 szklanka cukru
- ¼ łyżeczki drobnej soli morskiej
- Sok z 1 cytryny
- ½ ciasta na Kruche Ciastka Słodkiej Kremówki

Wskazówki:

a) Posmaruj masłem formę do pieczenia o wymiarach 8 na 8 cali.

b) Połącz jagody z cukrem, solą i sokiem z cytryny w średniej misce, wymieszaj, aby je pokryć.

c) Dodaj do przygotowanej patelni. Połóż ciasto na owocach i uformuj 9 równych ciasteczek.

d) Rozgrzej piekarnik do 375°F.

e) Piecz szewc przez 35 minut, aż wierzch ciastek będzie złocisty, a jagody zaczną bulgotać.

f) Wyjąć z piekarnika i pozostawić do lekkiego przestygnięcia przed podaniem.

47. Chrupiące gruszki i jeżyny

Na 9 porcji

Składniki:

Streusel

- ¾ szklanki niebielonej mąki uniwersalnej
- ¼ szklanki zapakowanego ciemnobrązowego cukru
- ¼ łyżeczki mielonego cynamonu
- ⅛ łyżeczki mielonej gałki muszkatołowej
- 5 łyżek niesolonego masła, pokrojonego w kostkę i schłodzonego
- ¾ szklanki pokrojonych migdałów, wiórków niesłodzonych płatków kokosowych lub płatków owsianych

Nadzienie owocowe

- 1 funt gruszek Comice lub Bartlett (około 2 gruszek), obranych, wydrążonych i pokrojonych w kliny o grubości ½ cala
- 2 szklanki jeżyn
- ¾ szklanki cukru

- 2 łyżki mąki uniwersalnej
- ¼ łyżeczki mielonego cynamonu
- ⅛ łyżeczki startej gałki muszkatołowej
- ½ łyżeczki drobnej soli morskiej
- 2 łyżki masła

Wskazówki:

a) Rozgrzej piekarnik do 325°F.

b) Aby przygotować kruszonkę, w małej misce wymieszaj mąkę, cukier, cynamon i gałkę muszkatołową. Dodaj masło i rozetrzyj je opuszkami palców, aż mieszanina będzie przypominała gruby posiłek.

c) Dodaj migdały i rozetrzyj mieszaninę opuszkami palców, aż utworzą się małe grudki. Rozłóż na blasze do pieczenia.

d) Piecz kruszonkę przez 20 minut. Rozgnieść widelcem i w razie potrzeby piec jeszcze kilka minut, na złoty kolor.

e) Wyjąć z piekarnika i ostudzić. Zwiększ temperaturę piekarnika do 375°F.

f) Posmaruj masłem naczynie do pieczenia o wymiarach 8 na 8 cali. W dużej misce wymieszaj gruszki, jagody, cukier, mąkę, przyprawy i sól.

g) Przełożyć do przygotowanego dania. Posmaruj masłem. Rozłóż równomiernie kruszonkę na wierzchu.

h) Piec około 45 minut, aż soki owocowe zaczną bulgotać i gęstnieć, a kruszonka będzie ciemnobrązowa. Przed podaniem lekko ostudzić.

48. Ciastka Bauer House

Na około 13 ciastek

Składniki:

- ¼ uncji (1 opakowanie) aktywnych suchych drożdży
- ¼ szklanki letniej wody (105° do 115°F)
- 2 łyżki cukru
- 3¼ szklanki mąki samorosnącej, najlepiej bielonej White Lily
- 6 łyżek (¾ kostki) zimnego niesolonego masła, pokrojonego na łyżki
- 1 szklanka maślanki o temperaturze pokojowej
- 2 łyżki solonego masła, miękkiego, na wierzch ciastek

Wskazówki:

a) W średniej misce wymieszaj drożdże, letnią wodę i 1 łyżeczkę cukru. Odstaw na bok, aż drożdże zaczną się pienić, około 10 minut.

b) W dużej misce wymieszaj mąkę i pozostałe 5 łyżek cukru.

c) Za pomocą noża do ciasta lub dwóch noży pokrój masło, aż mieszanina będzie wyglądać na maczną.

d) Do rozpuszczonych drożdży wmieszać maślankę. Za pomocą widelca mieszaj mieszaninę mąki, aż zostanie zwilżona i uzyskasz kudłate ciasto.

e) Przykryj i wstaw do lodówki na noc lub na maksymalnie 3 dni.

f) Wyjmij ciasto z lodówki i zagniataj je krótko, około 8 obrotów, aż połączy się i powierzchnia będzie gładka.

g) Na bardzo lekko posypanej mąką powierzchni rozwałkuj go na prostokąt o wymiarach 7 na 11 cali o grubości około $\frac{3}{4}$ cala, w razie potrzeby oszczędnie posypując wałek mąką. Usuń nadmiar mąki z ciasta i złóż jeden krótki koniec na środku ciasta, a następnie złóż drugi koniec, tak aby ciasto było złożone na trzy części.

h) Obróć ciasto o jeden obrót tak, aby krótki koniec był skierowany w twoją stronę i rozwałkuj na grubość około ¾ cala. Usuń nadmiar mąki i ponownie złóż ciasto na trzy części.

i) Ponownie obróć ciasto i delikatnie rozwałkuj na grubość około ½ cala; gotowy prostokąt będzie miał wymiary około 7 cali na 11 cali.

j) Za pomocą 2-calowej okrągłej foremki wytnij 13 ciastek. Upewnij się, że ciasto jest jeszcze bardzo zimne (w razie potrzeby je schłodź), aby nóż kroił czysto; jeśli ciasto będzie zbyt miękkie, foremka może zakleić boki i ciastka nie urosną.

k) Ułóż ciastka w nienatłuszczonej okrągłej tortownicy o średnicy 9 cali, 10 na zewnątrz i 3 pośrodku. Zbierz resztki razem, rozwałkuj i wytnij kolejne ciasteczka.

l) Umieść je na mniejszej patelni, aby przygotować poczęstunek dla Ciebie lub Twoich najmłodszych – nie będą wyglądać idealnie, ale nadal będą dobrze smakować.

m) Przykryj ciastka wilgotnym, niestrzępiącym się ręcznikiem i odstaw do wyrośnięcia w ciepłym miejscu (około 25°C), aż podwoją swoją objętość, czyli około 2 godzin.

49. Słodkie Kruche Kremy

Na 9 do 12 porcji

Składniki:

- 3 szklanki mąki samorosnącej, najlepiej białej lilii
- 4 łyżki zimnego niesolonego masła
- 2⅔ szklanki gęstej śmietanki

Wskazówki:

a) Rozgrzej piekarnik do 450°F. Posmaruj masłem ćwierć arkusza blachy.

b) Włóż mąkę i zimne masło do robota kuchennego i wykonaj puls 15 razy. Dodaj śmietanę i pulsuj, aż ciasto połączy się w puszystą masę.

c) Wyrośnięte ciasto wyłóż na blat posypany mąką i mocno dociśnij.

d) Złóż ciasto na pół, a następnie złóż je dwa lub trzy razy, aż przestanie się zlepiać. Ciasto rozsmaruj na blaszce – łatwo się rozprowadza, więc możesz używać rąk.

e) Piec przez 20 do 25 minut lub do momentu lekko złocistego koloru. Wyjąć ciasto z piekarnika i ostudzić na kratce.

50. Ciasteczka Truflowe Czekoladowe

Na około 16 ciasteczek

Składniki:

- 8 łyżek (1 kostka) niesolonego masła
- 8 uncji ciemnej czekolady (64% kakao lub więcej), grubo posiekanej
- ½ szklanki niebielonej mąki uniwersalnej lub mąki bezglutenowej
- 2 łyżki kakao w proszku holenderskiego (99% kakao)
- ¼ łyżeczki drobnej soli morskiej
- ¼ łyżeczki sody oczyszczonej
- 2 duże jajka w temperaturze pokojowej
- ½ szklanki) cukru
- 2 łyżeczki ekstraktu waniliowego
- 1 szklanka kawałków ciemnej czekolady (64% kakao lub więcej)

Wskazówki:

a) Rozpuść masło i ciemną czekoladę w podwójnym bojlerze na małym ogniu, mieszając od czasu do czasu, aż do całkowitego rozpuszczenia. Całkowicie ostudzić.

b) W małej misce połącz mąkę, kakao, sól i sodę oczyszczoną. Odłożyć na bok.

c) Używając miksera elektrycznego, ubij jajka i cukier w dużej misce na dużej prędkości, aż będą jasne i puszyste, około 2 minut. Dodaj wanilię, następnie roztopioną czekoladę i masło i ubijaj przez 1 do 2 minut, aż składniki się połączą.

d) Zdrap boki miski i za pomocą dużej gumowej szpatułki wymieszaj suche składniki, aż się połączą. Włóż kawałki czekolady. Przykryj folią spożywczą i wstaw do lodówki na co najmniej 4 godziny.

e) Umieść stojak na środku piekarnika i rozgrzej piekarnik do 325°F. Blachę do pieczenia wyłóż papierem pergaminowym.

f) Zwilż ręce wodą i zwiń ciasto w kulki o średnicy 2 cali, umieszczając je w odległości około 2 cali na wyłożonej blachą do pieczenia. Pracuj szybko, a jeśli pieczesz ciasteczka partiami, pozostaw ciasto pomiędzy rundami w lodówce.

g) Piec przez 12 do 13 minut, aż brzegi lekko się podniosą, a środek będzie w większości zestygnięty. Wyjmij z piekarnika i pozostaw do ostygnięcia na blasze przez co najmniej 10 minut, następnie przełóż na kratkę i pozostaw do całkowitego ostygnięcia.

Do składania kanapek z lodami

h) Ciasteczka ułożyć na blasze i zamrozić na 1 godzinę. Zmiękcz 1 litr lodów, aż będzie można je nabrać. Lubię zachować prostotę i używam lodów Sweet Cream, ale możesz użyć dowolnego smaku.

i) Wyjmij ciasteczka z zamrażarki i szybko nałóż na ciasteczko od 2 do 4 uncji lodów. Rozgnieść lody, kładąc na wierzchu kolejne ciasteczko. Powtarzać.

j) Po złożeniu wszystkich kanapek włóż je z powrotem do zamrażarki na co najmniej 2 godziny, aby stwardniały.

51. Kanapki z kremem owsianym

Na 24 ciasteczka

Składniki:

- 1 ½ szklanki niebielonej mąki uniwersalnej
- 2 szklanki płatków owsianych błyskawicznych (błyskawicznych)
- 1 łyżeczka sody oczyszczonej
- ¼ łyżeczki mielonego cynamonu
- ½ funta (2 paluszki) niesolonego masła, zmiękczonego
- 1 ½ szklanki opakowania jasnobrązowego cukru
- ¾ łyżeczki drobnej soli morskiej
- 1 łyżeczka ekstraktu waniliowego
- 2 duże jajka w temperaturze pokojowej
- 1 litr lodów z serem wiejskim i dżemem z gujawy lub innych ulubionych lodów

Wskazówki:

a) Umieść stojak na środku piekarnika i rozgrzej piekarnik do 325°F. Dwie blachy do pieczenia wyłóż pergaminem.

b) W misce wymieszaj mąkę, płatki owsiane, sodę oczyszczoną i cynamon i dokładnie wymieszaj. Używając miksera elektrycznego, ubij masło w dużej misce, aż będzie gładkie i kremowe.

c) Dodaj cukier i sól i ubijaj, aż mieszanina stanie się jasna i puszysta; w razie potrzeby zeskrobać boki miski. Dodać ekstrakt waniliowy i ubić tylko do połączenia.

d) Dodawaj jajka, jedno po drugim, dobrze ubijając po każdym dodaniu. Ciasto powinno być gładkie i kremowe.

e) Dodaj połowę suchych składników i mieszaj na niskich obrotach, aż składniki się połączą. Dodajemy pozostałą mąkę i mieszamy do połączenia. Uważaj, aby nie przerobić ciasta.

f) Za pomocą 1-uncjowej miarki nałóż ciasto na blachę do pieczenia, zachowując odstępy między ciasteczkami około 2 cali.

g) Lekko spłaszcz ciasteczka wierzchem dłoni lub grzbietem drewnianej łyżki.

h) Piecz ciasteczka przez 7 minut. Obróć patelnię i piecz przez kolejne 4 do 6 minut lub do momentu, gdy ciasteczka będą bardzo lekko rumiane na brzegach, ale ledwo osadzone w środku.

i) Pozostaw ciasteczka na blasze do ostygnięcia na 10 minut. Następnie ułóż je w pojemniku lub w torebce do zamrażania Ziplock o pojemności 1 galona i zamroź na 2 godziny.

j) Aby złożyć kanapki z kremem, umieść 3 zamrożone ciasteczka na blasze. Na każde ciasteczko nałóż zaokrągloną gałkę (2 do 3 uncji) lekko zmiękczonych lodów.

k) Na wierzch ułóż jeszcze trzy ciasteczka, zgniatając je razem, aż lody spłaszczą się i zetkną z zewnętrznymi krawędziami.

l) Włóż całkowicie zmontowane kanapki z kremem z powrotem do zamrażarki i powtórz czynność z pozostałymi ciasteczkami.

52. Tort z kremem i eklerami

Na 6 do 12 porcji

Składniki:

- 1 szklanka letniej wody
- 4 łyżki (½ kostki) niesolonego masła, pokrojonego na kawałki
- 1 szklanka niebielonej mąki uniwersalnej lub mąki bezglutenowej
- 4 duże jajka w temperaturze pokojowej
- Mrożony krem ze słoną wanilią lub mrożony krem ze słonej koziej czekolady mlecznej
- Polewa czekoladowa (użyj 4 łyżek pełnego mleka)

Wskazówki:

a) Rozgrzej piekarnik do 400°F.

b) Połączyć wodę i masło w średnio ciężkim rondlu i doprowadzić do wrzenia, mieszając, aby roztopić masło. Wsyp całą mąkę i mieszaj, aż mieszanina utworzy kulę.

c) Zdjąć z ognia i ubijać po jednym jajku za pomocą miksera elektrycznego.

Do kremowych ptysiów

d) Nałóż sześć 4-calowych pojedynczych kopców ciasta na nienatłuszczoną blachę z ciasteczkami (w przypadku mniejszych ptysiów uformuj dwanaście 2-calowych kopców). Piec na złoty kolor, około 45 minut. Wyjąć z piekarnika i ostudzić.

Do eklerów

e) Załóż rękaw cukierniczy z gładką końcówką o średnicy $\frac{1}{4}$ cala i wytnij od sześciu do dwunastu 4-calowych pasków na nienatłuszczoną blachę z ciasteczkami. Piec na złoty kolor, około 45 minut. Wyjąć z piekarnika i ostudzić.

Na ciasto pierścieniowe

f) Upuść nawet łyżki ciasta na nienatłuszczoną blachę z ciasteczkami, aby uzyskać 12-calowy owal. Piec na złoty kolor, od 45 do 50 minut. Wyjąć z piekarnika i ostudzić.

Złożyć

g) Przygotuj glazurę. Ptysie, eklery lub tort piernikowy przekrój na pół. Wypełnij lodami i ponownie załóż wierzch.

h) W przypadku ptysiów z kremem zanurz wierzch każdego ptysia w czekoladzie. W przypadku eklerów obficie posmaruj je glazurą. Aby przygotować ciasto pierścieniowe, dodaj do glazury dodatkowe 5 łyżek mleka; posmaruj nią ciasto pierścieniowe.

i) Przed podaniem ułóż ciasta lub kawałki ciasta na talerzach.

53. Gniazda Kataifi

Tworzy od 18 do 24 gniazd

Składniki:

- ½ funta (2 patyczki) niesolonego masła
- 1 szklanka miodu
- Jedna 1-funtowa paczka mrożonego kataifi
- sól morska

Wskazówki:

a) Rozgrzej piekarnik do 375°F.

b) Połącz masło i miód w dużym rondlu i podgrzej na średnim ogniu, mieszając, aż masło się rozpuści. Wymieszaj do połączenia i odłóż na bok.

c) Rozłóż kataifi na blacie. Złap jeden koniec wiązki pasm o grubości około ½ cala jedną ręką, a drugą ręką owiń kataifi wokół palców (ale nie kciuka) dłoni trzymającej kataifi. Kiedy już prawie całkowicie owiniesz kataifi wokół palców, przekręć luźny koniec do gniazda, aby go zabezpieczyć i połóż na nienatłuszczonej blasze do pieczenia. Powtórz z pozostałymi kataifi.

d) Piec 10 do 15 minut lub do złotego koloru. Wyjmij gniazda z piekarnika i posmaruj je masłem miodowym. Każdą z nich posypujemy kilkoma płatkami soli.

e) Gniazda pozostaną świeże w temperaturze pokojowej do 3 dni.

f) Podawać na ciepło lub na zimno z gałką mrożonego jogurtu Mango Lassi lub innego mrożonego jogurtu lub lodów.

g)

54. Żeliwny Naleśnik

Na 8 do 10 porcji

Składniki:

- 4 łyżki (½ kostki) niesolonego masła
- 4 duże jajka w temperaturze pokojowej
- ¾ szklanki niebielonej mąki uniwersalnej
- ¾ szklanki pełnego mleka
- Szczypta drobnej soli morskiej
- 3 łyżki solonego masła, roztopionego
- Cukier puder
- 1 cytryna

Wskazówki:

a) Rozgrzej piekarnik do 425°F.

b) Umieść niesolone masło na 10-calowej żeliwnej patelni i umieść je w piekarniku, aby rozgrzać patelnię i stopić masło.

c) W międzyczasie ubij jajka w misce, następnie dodaj mąkę, mleko i sól i mieszaj, aż składniki się połączą; ciasto powinno nadal być grudkowate.

d) Po nagrzaniu piekarnika ostrożnie wyjmij gorącą patelnię (używając rękawic kuchennych) i wlej ciasto. Natychmiast włóż patelnię z powrotem do piekarnika i piecz przez 20 minut lub do momentu, aż naleśnik będzie puszysty i złocistobrązowy.

e) Wyjmij z piekarnika i polej wierzch roztopionym, solonym masłem. Posyp cukrem pudrem i odrobiną skórki z cytryny (użyj tarki Microplane), a na wierzch wyciśnij odrobinę soku z cytryny.

f) Pokrój, posyp cukrem pudrem i od razu podawaj z lodami lub mrożonym jogurtem.

55. Placuszki kukurydziane Peoria

Porcja od 8 do 10

Składniki:

- 5 szklanek oleju roślinnego do głębokiego smażenia
- 2 szklanki cukru pudru
- 2 kłosy świeżej kukurydzy lub 1 ½ szklanki rozmrożonej, mrożonej kukurydzy
- 3 duże jajka
- 1 ½ szklanki pełnego lub 2% mleka
- 2 ½ szklanki niebielonej, samorosnącej mąki

Wskazówki:

a) Rozgrzej olej w rondlu o pojemności 4 litrów na średnim ogniu, aż osiągnie temperaturę 365°F.

b) Do dużej miski wsypać cukier puder i odstawić.

c) Jeśli używasz świeżych kolb kukurydzy, pokrój ją w kawałki, a następnie „doj" kolbę, skrobiąc grzbietem noża, aby wydoić płyn; zachowaj 1 ½ szklanki ziaren i płynu.

d) Rozbij jajka w średniej misce i ubij je widelcem, aż uzyskają jednolicie żółty kolor.

e) Dodajemy mleko i ubijamy widelcem, aż się połączy. Dodać mąkę i dobrze wymieszać, następnie dodać kukurydzę i wymieszać do połączenia.

f) Gdy olej osiągnie temperaturę 365°F lub gdy kropla ciasta opadnie na dno i szybko wypłynie na powierzchnię z bąbelkami dookoła, wrzucaj na olej 3 łyżki ciasta, pojedynczo i w równych odstępach.

g) Smaż placki przez 4 minuty, przewróć na drugą stronę i smaż kolejne 4 minuty, aż uzyskasz głęboki złoty kolor.

h) Wyjmij łyżką cedzakową z oleju, odsącz na kilka sekund na ręcznikach papierowych i obtocz w cukrze pudrze. Powtarzaj, aż zużyjesz całe ciasto. Podawać na ciepło.

56. Gofry z rynku północnego

Na 8 do 10 porcji

Składniki:

- 2 ½ szklanki pełnego mleka
- ½ funta (2 paluszki) niesolonego masła, pokrojonego na 16 kawałków
- 3 szklanki niebielonej mąki uniwersalnej lub mąki bezglutenowej
- 1 szklanka mąki pełnoziarnistej lub mąki bezglutenowej
- 2 łyżki cukru
- 2 łyżeczki drobnej soli morskiej
- 1 łyżka drożdży instant
- 4 duże jajka w temperaturze pokojowej
- 2 łyżeczki ekstraktu waniliowego

Wskazówki:

a) Połącz mąkę, cukier, sól i drożdże w dużej misce. Dodaj mieszaninę mleka i wymieszaj, aż będzie gładka.

b) W małej misce ubij jajka i wanilię, aż się połączą, następnie dodaj do ciasta i wymieszaj, aż składniki się połączą. Zgarnij gumową szpatułką boki miski i mieszaj, aż masa będzie gładka.

c) Przykryj miskę folią i wstaw do lodówki na co najmniej 12 godzin, a maksymalnie na 24 godziny.

d) Rozgrzej gofrownicę (zawsze przestrzegaj instrukcji producenta). Wyjmij ciasto waflowe z lodówki. Ciasto zostanie opróżnione; wymieszaj, aby się ponownie połączyło.

e) Użyj około ½ szklanki ciasta na gofr w okrągłym żelazku o średnicy 7 cali lub około 1 filiżanki w żelazku o wymiarach 9 na 9 cali.

f) Piecz gofry przez 4 minuty lub do momentu, aż będą złociste, ale nie brązowe i nie będą karmelizowane ani przypieczone.

g) Podawaj natychmiast lub trzymaj w cieple w jednej warstwie na ruszcie w piekarniku nagrzanym na 200°F i gotuj pozostałe gofry.

57. Słodkie Empanady

Na 10-12 empanad

Składniki:

Ciasto

- 3 szklanki niebielonej mąki uniwersalnej
- 3 łyżki cukru
- ¾ łyżeczki drobnej soli morskiej
- ½ szklanki wysokiej jakości smalcu lub tłuszczu roślinnego
- 1 duże jajko, ubite
- 1 szklanka maślanki

Pożywny

- 1 funt jabłek, brzoskwiń, śliwek lub moreli, obranych, wypestkowanych lub wypestkowanych i pokrojonych w kostkę lub 1 funt jagód, jeżyn lub malin
- ½ szklanki) cukru
- ¼ łyżeczki drobnej soli morskiej
- 2 łyżki soku z cytryny
- 1 łyżeczka skrobi kukurydzianej

- Olej roślinny do głębokiego smażenia

Wskazówki:

a) Aby przygotować ciasto, połącz mąkę, cukier, sól i smalec w robocie kuchennym i pulsuj 10 do 15 razy, aż mieszanina będzie przypominać grube okruchy z kilkoma większymi płatkami smalcu porozrzucanymi po całej powierzchni.

b) Dodać roztrzepane jajko, delikatnie wymieszać widelcem, następnie dodać maślankę i delikatnie wymieszać, aż wszystko się połączy. Uformuj ciasto w kulę i zawiń w plastikową folię. Przechowywać w lodówce przez co najmniej 1 godzinę.

c) Aby przygotować nadzienie, połącz owoce, cukier, sól, sok z cytryny i skrobię kukurydzianą w średnim rondlu i gotuj na średnim ogniu, mieszając, aż mieszanina lekko zgęstnieje. Zdjąć z ognia i pozostawić do ostygnięcia.

d) Aby złożyć empanady, na posypanej mąką powierzchni rozwałkuj ciasto na duży prostokąt o grubości około $\frac{1}{8}$ cala. Użyj 4- lub 5-calowej foremki do ciastek, aby wyciąć z arkusza 10 do 12 kółek.

e) Resztki luźno zebrać, mocno zagnieść, aż ciasto będzie zwarte, rozwałkować jak poprzednio i wyciąć dodatkowe kółka; powtórz w razie potrzeby.

f) Na środek jednego krążka ciasta nałóż od 2 do 2 $\frac{1}{2}$ łyżek nadzienia. Złóż ciasto na pół i zaciśnij krawędzie, aby je uszczelnić. Powtórz z pozostałymi okrążeniami i nadzieniem.

g) W dużym, głębokim rondlu podgrzej olej roślinny do temperatury 365°F. Pracując partiami, smaż empanady, obracając raz, przez 2 do 4 minut z każdej strony, aż ciasto będzie złotobrązowe.

h) Odsącz na ręcznikach papierowych i przełóż na talerz w rozgrzanym piekarniku, podczas gdy smażysz resztę empanad. Podawać na ciepło.

58. Lodowy pudding chlebowy

Na 8 do 10 porcji

Składniki:

- 3 szklanki brioszki , z grubsza podarte
- 4 duże jajka w temperaturze pokojowej
- 1 litr resztek lodów waniliowych, roztopionych
- ¾ szklanki letniej wody
- 1 szklanka cukru
- Sos karmelowy z whisky

Wskazówki:

a) Rozgrzej piekarnik do 350°F.

b) Umieść brioszkę w naczyniu do pieczenia o wymiarach 9 na 13 cali. W dużej misce ubij jajka. Dodać roztopione lody, wodę i cukier i dobrze wymieszać. Powstałą mieszanką wylać brioszkę i odstawić na 15 minut.

c) Piec przez 35 minut lub do momentu, aż wierzch będzie karmelizowany. Wyjmij z piekarnika, polej sosem i podawaj na ciepło.

59. Banany Foster

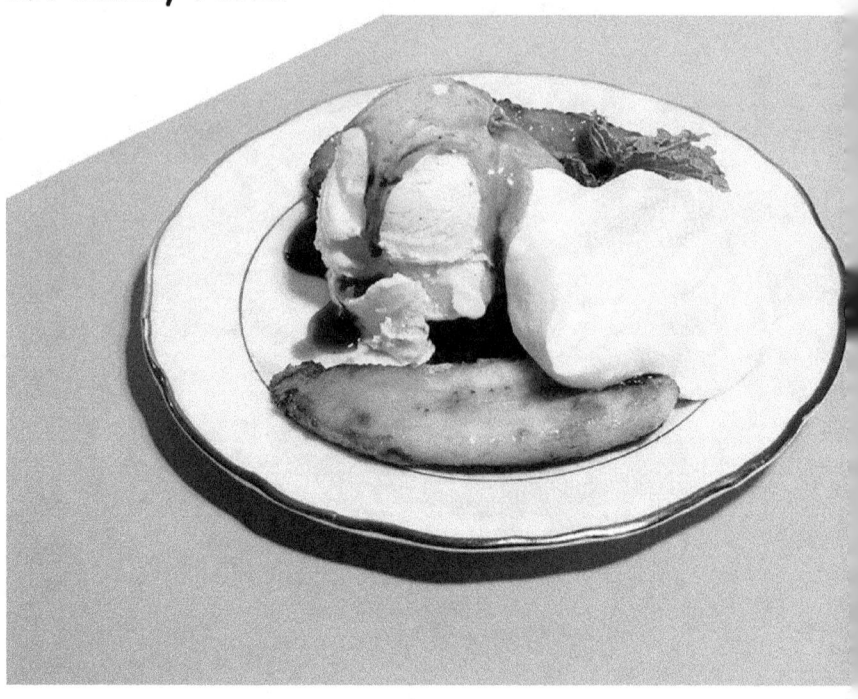

Na 8 porcji

Składniki:

- 4 łyżki (½ kostki) niesolonego masła, miękkiego
- ½ szklanki zapakowanego ciemnobrązowego cukru
- 2 łyżki likieru bananowego
- 4 średnie, lekko niedojrzałe banany, przekrojone na pół wzdłuż średnicy, a następnie na połówki
- ½ szklanki brandy
- Szczypta drobnej soli morskiej
- Mrożony krem ze słoną wanilią

Wskazówki:

a) Rozpuść masło na 10-calowej ciężkiej patelni na małym ogniu. Dodaj brązowy cukier i mieszaj, aż masa będzie równomiernie wilgotna. Dodać likier bananowy i doprowadzić do wrzenia.

b) Dodaj banany i smaż, obracając raz, przez około 30 sekund z każdej strony, ostrożnie polewając sosem banany podczas gotowania.

c) Za pomocą dużej szpatułki usuń banany i podziel je pomiędzy osiem misek, pozostawiając na patelni jak najwięcej sosu.

d) Sos zagotować i ostrożnie dodać brandy. Jeśli sos jest bardzo gorący, alkohol zapali się, a następnie na chwilę wypali; jeśli tak się nie stanie, po prostu gotuj na wolnym ogniu przez 3 do 4 minut, aż sos nieco zgęstnieje i stanie się syropowy. Dodać sól i wymieszać.

e) Polać ostrym sosem banany i natychmiast podawać z gałką lodów.

60. Gotowane Owoce

Na 8 porcji

Składniki:

- 1 butelka białego lub czerwonego wina lub 3 szklanki wody

- 2 szklanki cukru

- Przyprawy lub zioła według uznania (uwielbiam anyż gwiazdkowaty zimą, słodką bazylię latem)

- 4 duże gruszki lub brzoskwinie lub 8 śliwek obranych, przekrojonych na pół i wypestkowanych lub 16 średnich moreli przekrojonych na połówki i wypestkowanych lub 50 wiśni (około 1 funta) bez pestek

Wskazówki:

a) Połącz wino, cukier i przyprawy lub zioła, jeśli ich używasz, w rondlu o pojemności 4 litrów i podgrzej do prawie wrzenia na małym ogniu, mieszając, aby rozpuścić cukier.

b) Delikatnie włóż przygotowane owoce do ciepłego płynu do gotowania i gotuj, w razie potrzeby obracając owoce w płynie, aż będą miękkie.

c) Za pomocą łyżki cedzakowej delikatnie wyjmij owoce z płynu do gotowania i podawaj na gorąco lub pozostaw do ostygnięcia na talerzu.

d) Po wystygnięciu owoce można przechowywać w hermetycznym pojemniku zalanym płynem do kłusowania, w lodówce do 3 dni.

61. J-Bars

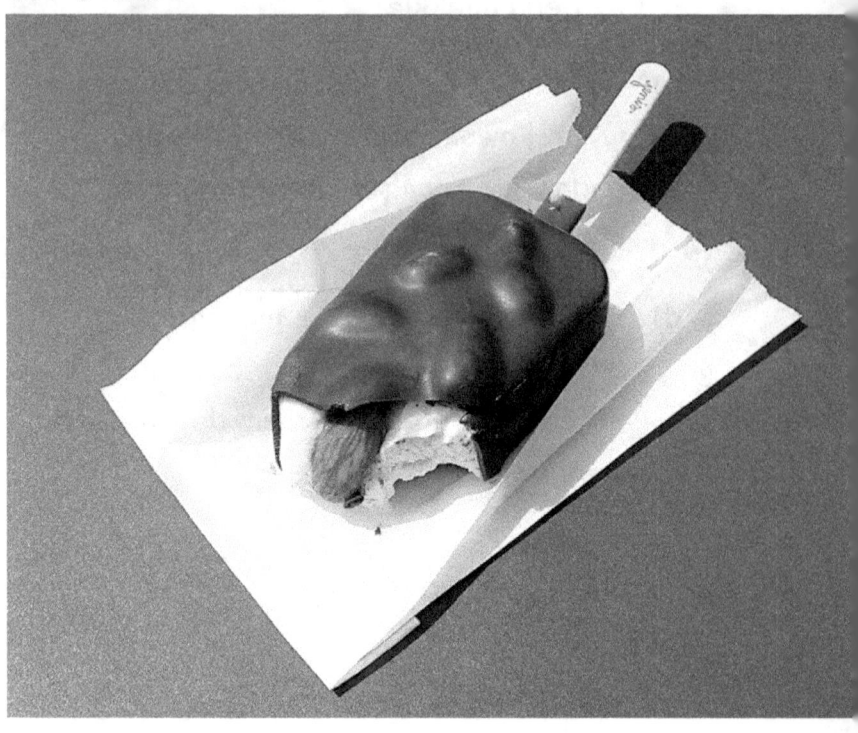

Tworzy 10 prętów J

Składniki:

- ½ szklanki słonego sosu karmelowego
- Lody słodkie lub 1 litr lodów według własnego uznania, lekko zmiękczone
- ½ szklanki wędzonych, prażonych lub solonych orzechów, takich jak migdały, orzechy pekan lub orzeszki ziemne
- 12 uncji posiekanej gorzkiej czekolady (co najmniej 60% kakao).
- ⅓ szklanki rafinowanego oleju kokosowego

Wskazówki:

a) Blachę do pieczenia wyłóż papierem woskowanym i włóż do zamrażarki. Sos karmelowy przełóż do wyciskanej butelki i wstaw do lodówki.

b) Wypełnij lodami dwie 5-kostkowe silikonowe formy do lodów i wyrównaj wierzch za pomocą przesuniętej szpatułki. W każdą foremkę włóż patyczek. Przykryj woskowanym papierem i wstaw do zamrażarki na 30 minut, tak aby lody lekko stwardniały.

c) Za pomocą rączki małej łyżki zeskrobuj w środku każdej foremki mały wgłębienie i wypełnij je sosem karmelowym. Wciśnij od 3 do 5 kawałków orzechów do lodów w każdej foremce. Przykryj formy papierem woskowanym i wróć do zamrażarki, aby całkowicie stwardniały, od 3 do 4 godzin.

d) Połącz czekoladę i olej kokosowy w podwójnym bojlerze i podgrzewaj na średnim ogniu, mieszając, aż cała czekolada się rozpuści i całkowicie wchłonie olej kokosowy.

e) Zdejmij z ognia, przenieś do małej, głębokiej miski i pozostaw do ostygnięcia, aż będzie płynny, ale nie gorący.

f) Wyjmij batoniki J z zamrażarki i wyjmij każdy z formy. Zanurz każdy batonik za patyczek w czekoladzie i policz do 3, następnie wyjmij go, pozwalając, aby nadmiar czekolady spłynął z powrotem do miski z czekoladą i umieść tabliczkę na przygotowanej blasze do pieczenia.

g) Włóż ponownie J-Bars do zamrażarki, aby stwardniały przez co najmniej 2 godziny.

KOKTAJL S

62. Miecz w kamieniu

Na 1 napój

Składniki:

- ¼ szklanki ginu

- 2 łyżki likieru gruszkowego

- Jedna 4-uncjowa miarka (około ¼ litra) trawy pszenicznej, gruszki i sorbetu Vinho Verde

- 1 miecz koktajlowy

Wskazówki:

a) Wstrząśnij likier ginowo-gruszkowy z lodem w shakerze, aby go schłodzić.

b) Do schłodzonego kieliszka do martini (lub kielicha królewskiego) włóż gałkę sorbetu.

c) Wlać mieszaninę ginu na wierzch i podawać.

63. Rozgrzej swoje kolana

Na 1 napój

Składniki:

- Jeden 4-uncjowy kawałek (około $\frac{1}{4}$ litra) sorbetu z czerwonych malin
- $\frac{1}{4}$ szklanki ginu
- 1 do 2 uncji wody sodowej
- Skręt wapna
- Gałązka lawendy

Wskazówki:

a) Oprzyj kawałek sorbetu o brzeg wysokiej szklanki.

b) Wlać gin i dodać wodę gazowaną według własnego uznania. Udekoruj skrętem limonki i gałązką lawendy.

64. Pani Jeziora

Na 1 drinka

Składniki:

- ¼ szklanki wódki lub ginu
- 2 łyżki słodkich lodów śmietankowych
- Jedna 4-uncjowa miarka (około ¼ litra) sorbetu z owoców pestkowych
- 1 miecz koktajlowy

Wskazówki:

a) Wódkę i lody wstrząśnij w shakerze, aż lody się rozpuszczą i połączą.

b) Do schłodzonej szklanki włóż łyżkę sorbetu.

c) Całość polej wódką i podawaj.

DODATKI

65. Szyszki cukrowe

Składniki:

- 2 duże białka jaj
- ½ szklanki) cukru
- 3 łyżki pełnego mleka
- ½ łyżeczki czystego ekstraktu waniliowego
- ¼ łyżeczki soli
- ⅔ szklanki mąki uniwersalnej
- ¼ łyżeczki mielonego cynamonu (opcjonalnie)
- 2 łyżki roztopionego, niesolonego masła
- 4 uncje półsłodkiej lub ciemnej czekolady (opcjonalnie)

Wskazówki:

a) W małej misce ubij białka, cukier, mleko, wanilię i sól. Dodać mąkę, cynamon i masło. Mieszaj, aż całkowicie się połączy, a ciasto będzie gładkie.

b) Lekko posmaruj patelnię z powłoką nieprzywierającą niewielką ilością sprayu do gotowania lub lekko posmaruj neutralnym olejem. Na zimną patelnię wlać około 2,5 łyżki ciasta i rozprowadzić cienką, równą warstwą.

c) Postaw patelnię na średnim ogniu i smaż płytę przez 4 do 5 minut lub do momentu, aż rożek stwardnieje i będzie lekko złoty na dnie. Ostrożnie odwróć dysk i kontynuuj smażenie przez 1 do 2 minut.

d) Szybko połóż krążek cukru na czystym ręczniku i przykryj stożkowym wałkiem. Za pomocą ręcznika i wałka w kształcie stożka zwiń krążek w stożek i przytrzymaj go mocno wzdłuż szwu przez 1 do 2 minut, aż stożek ostygnie i stwardnieje.

e) Wytrzyj patelnię i powtarzaj tę czynność, aż całe ciasto zostanie wykorzystane.

f) Jeśli chcesz zanurzyć rożki w czekoladzie, wyłóż blachę pergaminem. Gdy rożki całkowicie ostygną, roztapiaj czekoladę w kuchence mikrofalowej w 30-sekundowych odstępach.

g) Delikatnie zanurzaj końcówki rożków w czekoladzie i układaj na pergaminie, aż czekolada stwardnieje.

h) Przechowywać w szczelnym pojemniku w temperaturze pokojowej, szyszki zachowują trwałość do 1 tygodnia.

66. Marmolada ananasowo-habanero

Składniki:

- 1 średni ananas, obrany i wydrążony 2 papryczki chili habanero, pokrojone w cienkie plasterki
- 1 szklanka cukru
- Sok i otarta skórka z 2 limonek
- ¾ łyżeczki soli koszernej
- 3 łyżki białego octu

Wskazówki:

a) Zetrzyj ananasa na dużych oczkach tarki umieszczonej w dużej misce. Zarezerwuj sok.

b) W dużym rondlu wymieszaj ananasa i jego sok z chilli, cukrem, sokiem z limonki i solą. Doprowadzić do wrzenia na średnim ogniu, następnie zmniejszyć ogień, aby utrzymać ogień na małym ogniu i dodać ocet.

c) Gotuj, mieszając od czasu do czasu, aż mieszanina będzie wystarczająco gęsta, aby pokryć tył łyżki, od 8 do 10 minut. Zdejmij z ognia, dodaj skórkę z limonki i pozostaw do ostygnięcia.

d) Przechowywana w hermetycznym pojemniku w lodówce, marmolada zachowuje trwałość do 1 tygodnia.

67. Kompot wiśniowo-hibiskusowy

Składniki:

- 2 funty świeżych lub mrożonych wiśni Bing, bez pestek (około $4\frac{1}{2}$ filiżanki)
- $\frac{3}{4}$ szklanki cukru
- $\frac{1}{2}$ szklanki wody
- $\frac{3}{4}$ szklanki suszonych kwiatów hibiskusa
Duża szczypta soli koszernej

Wskazówki:

a) W dużym rondlu o grubym dnie wymieszaj wszystkie składniki.
b) Doprowadzić do wrzenia na średnim ogniu, następnie zmniejszyć ogień, aby utrzymać ogień na wolnym ogniu i gotować, mieszając od czasu do czasu, aż sok będzie wystarczająco gęsty, aby pokryć tył łyżki, około 10 minut. Zdjąć z ognia i pozostawić do ostygnięcia.
c) Przechowywany w hermetycznym pojemniku w lodówce, kompot zachowuje trwałość do 1 tygodnia.

68. Sos karmelowy z marakui

Składniki:

- 2 szklanki cukru
- ½ szklanki wody
- 2 łyżeczki jasnego syropu kukurydzianego
- 1⅓ szklanki przecieru z marakui
- 4 łyżki niesolonego masła, pokrojonego na kawałki
- ½ łyżeczki soli koszernej

Wskazówki:

a) W dużym rondlu o grubym dnie wymieszaj cukier, wodę i syrop kukurydziany. Doprowadzić do wrzenia na średnim ogniu, mieszając, aby rozpuścić cukier i od czasu do czasu szczotkować boki patelni mokrym pędzelkiem do ciasta, aby zmyć wszelkie kryształki cukru.

b) Zwiększ ogień do średnio-wysokiego i gotuj bez mieszania, aż syrop nabierze ciemnobursztynowego koloru, około 8 minut. Zdejmij patelnię z ognia.

c) Ostrożnie dodaj puree z marakui (będzie bąbelkować i bryzgać, więc uważaj przy wlewaniu), masło, sól i wymieszaj, aby wymieszać jak najwięcej (karmel nieco stwardnieje).

d) Postaw patelnię na średnim ogniu, doprowadź do wrzenia i gotuj, mieszając, aż karmel się rozpuści, a sos będzie gładki. Zdjąć z ognia i pozostawić do ostygnięcia. Sos przechowywany w hermetycznym pojemniku w lodówce zachowuje trwałość do 10 dni.

e) Sos podawać na ciepło lub w temperaturze pokojowej.

69. Karmel z mleka koziego

Składniki:

- 4 szklanki mleka koziego lub mieszanki mleka krowiego i koziego, najlepiej niepasteryzowanego
- 1 ¼ szklanki cukru
- ¼ łyżeczki sody oczyszczonej
- ½ łyżeczki czystego ekstraktu waniliowego
- Szczypta soli koszernej

Wskazówki:

a) W dużym rondlu o grubym dnie wymieszaj mleko, cukier i sodę oczyszczoną.
b) Doprowadzić do wrzenia na dużym ogniu, następnie zmniejszyć ogień, aby utrzymać energiczny ogień i gotować, mieszając od czasu do czasu, aż mieszanina zgęstnieje i nabierze ciemnego karmelowego koloru, od 1 do 1,5 godziny; mieszaj częściej, gdy masa stanie się gęstsza.
c) Przełożyć do żaroodpornej miski i pozostawić do ostygnięcia. Wymieszaj wanilię i sól. Przechowywany w

hermetycznym pojemniku w lodówce,
karmel zachowuje trwałość do 10 dni.

70. Kandyzowane pestki dyni

Składniki:

- 1 szklanka cukru
- 1 łyżeczka soli koszernej
- 1 duże białko jajka
- 3 szklanki pestek dyni

Wskazówki:

a) Rozgrzej piekarnik do 300°F. Lekko posmaruj obramowaną blachę do pieczenia odrobiną oleju roślinnego lub wyłóż ją papierem pergaminowym.
b) W małej misce wymieszaj cukier, chili (jeśli używasz) i sól. W średniej misce ubij białko widelcem, aż powstanie piana. Dodaj pestki dyni i mieszaninę cukru i mieszaj, aż nasiona zostaną równomiernie pokryte.
c) Rozłóż pestki dyni na przygotowanej blasze do pieczenia i piecz, mieszając kilka razy, aż do zarumienienia, 10 do 12 minut. Pozostawić do ostygnięcia do temperatury pokojowej.
d) Przechowywane w szczelnym pojemniku w chłodnym i suchym miejscu, pestki dyni zachowują trwałość do 1 miesiąca.

71. Bita śmietana z wanilią i tequilą

Składniki:

- 1 szklanka zimnej, ciężkiej śmietany
- 2 łyżki cukru
- 1 laska wanilii przecięta wzdłuż lub 1 łyżeczka czystego ekstraktu waniliowego

Wskazówki:

a) Umieść miskę ze stali nierdzewnej i trzepaczkę w zamrażarce i pozostaw do ostygnięcia na 10 do 15 minut.
b) W schłodzonej misce wymieszaj śmietanę z cukrem. Jeśli używasz laski wanilii, użyj noża do obierania, aby zeskrobać nasiona z połówek strąków i dodać je do kremowej mieszanki.
c) Ubijaj schłodzoną trzepaczką, aż śmietana będzie miała miękką pianę po podniesieniu trzepaczki.
d) Wymieszaj tequilę (i ekstrakt waniliowy, jeśli używasz). Kontynuuj ubijanie, aż krem będzie miał średnio sztywną pianę.
e) Zużyć natychmiast lub przykryć folią spożywczą i przechowywać w lodówce do 2 dni.

72. Karmelizowane orzechy pekan Piloncillo

Składniki:

- 8 uncji piloncillo, drobno posiekanego
- 1 (1-calowy) kawałek meksykańskiego cynamonu
- ⅓ szklanki wody 3¼ szklanki połówek orzechów pekan
- Lekko natłuść olejem zaokrągloną blachę do pieczenia.

Wskazówki:

a) W rondlu wymieszaj piloncillo, cynamon i wodę. Postaw patelnię na średnim ogniu i gotuj, mieszając, aż piloncillo się rozpuści, a mieszanina będzie musująca, gęsta i złocista, od 4 do 6 minut.

b) Dodaj około jedną trzecią orzechów pekan i wymieszaj, aby pokryć je warstwą. Dodać pozostałe orzechy pekan w dwóch kolejnych partiach, ciągle mieszając. Piloncillo zacznie krystalizować i będzie wyglądać na piaszczystą.

c) Kontynuuj mieszanie, aż wszystkie orzechy pekan zostaną pokryte.

d) Na przygotowaną blachę do pieczenia wyłóż orzechy pekan i rozdziel je łyżką. Usuń kawałek cynamonu. Pozostawić do ostygnięcia do temperatury pokojowej.
e) Przechowywane w szczelnym pojemniku w chłodnym i suchym miejscu, orzechy pekan zachowują trwałość do 3 tygodni.

73. Pikantne mango

Składniki:

- 1 limonka
- 1 funt dojrzałych, ale twardych mango
- 3 łyżeczki soli koszernej
- 3 szklanki cukru
- 2 szklanki wody
- $\frac{1}{4}$ szklanki jasnego syropu kukurydzianego
- ⅓ szklanki mielonych chili guajillo, piquín lub árbol lub ich kombinacji

Wskazówki:

a) Za pomocą obieraczki do warzyw usuń skórkę z limonki w paski. Wyciśnij sok z limonki.
b) Obierz mango i pokrój miąższ w duże kawałki lub kliny. W misce wymieszaj mango z 1 łyżeczką soli i sokiem z limonki.
c) W dużym rondlu wymieszaj cukier, wodę, syrop kukurydziany i skórkę z limonki i zagotuj na średnim ogniu.
d) Zmniejsz ogień do średniego, dodaj kawałki mango i gotuj na wolnym ogniu przez 20 minut, od czasu do czasu mieszając.

e) Zdejmij z ognia, przykryj patelnię pokrywką lub kawałkiem gazy i odstaw na noc w temperaturze pokojowej.
f) Następnego dnia odkrywamy patelnię, ustawiamy ją na średnim ogniu i doprowadzamy syrop do wrzenia.
g) Gotuj przez 20 minut, od czasu do czasu mieszając i dostosowując ogień do potrzeb, aby utrzymać gotowanie na wolnym ogniu. Zdejmij z ognia, przykryj pokrywką lub gazą i odstaw na noc w temperaturze pokojowej.

h) Trzeciego dnia ponownie odkrywamy patelnię, ustawiamy ją na średnim ogniu i doprowadzamy do wrzenia. Gotuj tylko przez 5 minut, od czasu do czasu mieszając, następnie zdejmij z ognia i pozostaw do ostygnięcia do temperatury pokojowej.
i) Po ostygnięciu za pomocą łyżki cedzakowej przenieś kawałki mango na drucianą kratkę ustawioną nad blachą do pieczenia. Odrzuć skórkę z limonki.

j) Pozostawić do odcieknięcia, aż kawałki mango przestaną być mokre (będą lepkie), od 8 do 10 godzin.
k) W misce wymieszaj zmielone chilli i pozostałe 2 łyżeczki soli. Pracując partiami, wrzucaj kawałki mango do mieszanki chili, aż pokryją się ze wszystkich stron.
l) Mango przechowywane w szczelnym pojemniku w chłodnym i suchym miejscu zachowują trwałość do 1 miesiąca.

74. Posypka z kruszonką migdałową

Składniki:

- ½ szklanki mąki uniwersalnej
- ½ szklanki posiekanych lub posiekanych migdałów
- ½ szklanki cukru cukierniczego
- ¼ szklanki brązowego cukru, opakowanie
- ⅛ łyżeczki soli
- ¼ łyżeczki mielonego cynamonu
- 4 łyżki masła, schłodzonego i pokrojonego na kilka kawałków

Wskazówki:

a) Rozgrzej piekarnik do 350°F. Blachę do pieczenia wyłóż papierem pergaminowym.

b) Połącz mąkę, migdały, cukry, sól i cynamon w robocie kuchennym i ubijaj, aż migdały zostaną całkowicie rozdrobnione na mączkę migdałową, a mieszanina dobrze się połączy.

c) Dodaj masło i pulsuj, aż mieszanina będzie miała gruboziarnistą, piaszczystą konsystencję i nie pozostaną żadne kawałki masła większe niż groszek.

d) Przenieść mieszaninę do dużej miski. Jeśli mocno wyciśniesz mieszankę w dłoni, powinna ona skleić się w duże okruchy, od wielkości grochu po orzech włoski. Całą mieszaninę pokrusz na kawałki różnej wielkości.
e) Przełóż kruszonkę migdałową na przygotowaną blachę do pieczenia.
f) Piec około 15 minut, co 5 minut lekko mieszając szpatułką, aż kruszonka będzie lekko złocista i chrupiąca.
g) Po całkowitym wystygnięciu kruszonkę można przechowywać przez kilka dni w szczelnym pojemniku.

Wychodzi około 2 filiżanek

NIEDZIELE

75. Chwała Knickerbockera

Składniki:

- świeże truskawki i wiśnie
- 2 gałki lodów waniliowych
- 6 do 8 łyżek galaretki owocowej
- truskawkowy lub malinowy
- 2 gałki lodów truskawkowych
- 1/2 szklanki ciężkiej śmietany, ubitej
- prażone, pokrojone migdały

Wskazówki:

a) Ułóż trochę świeżych owoców na dnie dwóch schłodzonych szklanek do lodów. Dodaj gałkę lodów waniliowych, następnie galaretkę owocową i trochę sosu owocowego.

b) Następnie dodaj lody truskawkowe, a następnie więcej sosu owocowego. Teraz na wierzch połóż bitą śmietanę, świeże owoce i orzechy, a następnie dodaj więcej sosu i kilka orzechów.

c) Włóż ponownie do zamrażarki na nie więcej niż 30 minut lub zjedz od razu. Nie są przeznaczone do przechowywania, więc przygotuj je według potrzeb.
d) Dobrze jest przygotować przed rozpoczęciem wybór odpowiednich składników oraz dobrze schłodzone szklanki.

Służy 2

76. Melba brzoskwiniowa

Składniki:

- 4 duże dojrzałe brzoskwinie, obrane
- drobno starta skórka i sok z 1 cytryny
- 3 Łyżki stołowe Cukier cukierniczy
- 8 gałek lodów waniliowych

do sosu Melba

- 1 1/2 szklanki dojrzałych malin
- 2 łyżki galaretki z czerwonej porzeczki
- 2 łyżki drobnego cukru

Wskazówki:

a) Brzoskwinie przekrój na pół i usuń pestki. Ułóż ciasno połówki brzoskwiń w naczyniu żaroodpornym i posmaruj je sokiem z cytryny. Posypać obficie cukrem cukierniczym. Umieść naczynie pod nagrzanym grillem na 5 do 7 minut lub do momentu, aż będzie złociste i zacznie bulgotać. Ostudzić.

b) Aby przygotować sos, maliny podgrzać z galaretką i cukrem, a następnie przetrzeć je przez sitko. Ostudzić.

c) Ułóż brzoskwinie na talerzu z 1 lub 2 gałkami lodów. Skropić sosem melba i wykończyć kawałkami skórki cytrynowej.

Służy 4

77. Frappe cappuccino

Składniki:

- 4 łyżki likieru kawowego
- 1/2 przepisu na lody kawowe
- 4 łyżki rumu
- 1/2 szklanki ciężkiej śmietany, ubitej
- 1 łyżka niesłodzonego kakao w proszku, przesianego

Wskazówki:

a) Wlać likier do spodu 6 żaroodpornych szklanek lub filiżanek i dobrze schłodzić lub zamrozić.
b) Przygotuj lody zgodnie z instrukcją, aż do częściowego zamrożenia. Następnie dodaj rum za pomocą miksera elektrycznego, aż się spieni, natychmiast polej go zamrożonym likierem i ponownie zamroź, aż będzie twardy, ale nie twardy.
c) Wylej ubitą śmietanę na lody. Posyp obficie kakao i włóż ponownie do zamrażarki na kilka minut, aż będziesz całkowicie gotowy do podania.

Serwuje 6

78. Lodowe lassi

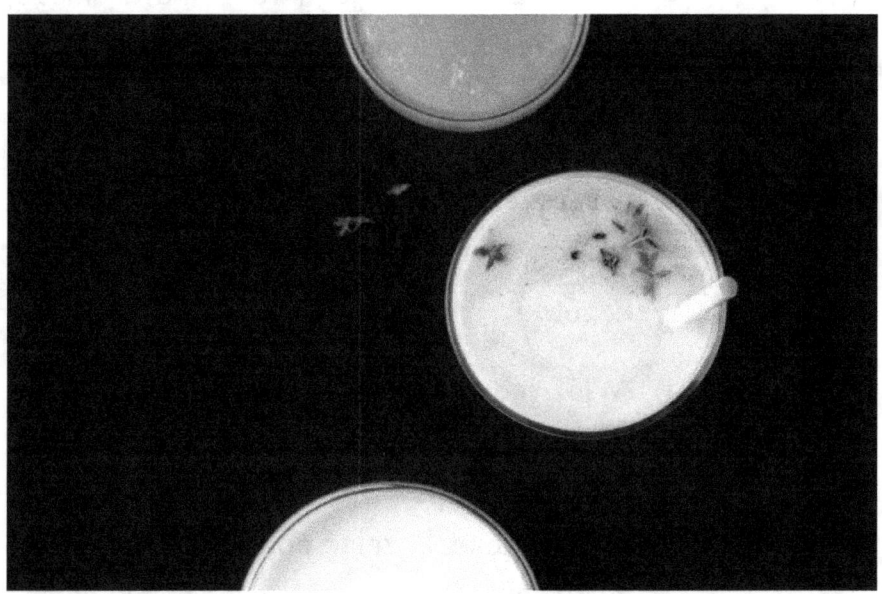

Składniki:

- 2 szklanki jogurtu naturalnego, częściowo mrożonego
- 1/2 szklanki wody z lodem
- 1/2 szklanki kostek lodu
- 4 łyżki czystego miodu i więcej do smaku
- świeżo starta gałka muszkatołowa

Wskazówki:

a) Włóż jogurt, wodę z lodem, kostki lodu i miód do robota kuchennego lub blendera. Mieszaj, aż powstanie piana i dobrze wymieszane. Przelać do wysokich szklanek z lodem i zamrażać przez około 30 minut.
b) Podawać z odrobiną miodu do smaku i posypać świeżo startą gałką muszkatołową.

Służy 1

79. Pływak do lodów

Składniki:

- 2 szklanki napoju gazowanego cytrynowo-limonkowego, schłodzonego
- 2 gałki lodów waniliowych
- kilka mini pianek marshmallow

Wskazówki:

a) Do schłodzonej, wysokiej szklanki sodowej włóż 1 gałkę lodów. Sodę wlewaj powoli, bo przy kontakcie z lodami zacznie bąbelkować.
b) Dodaj drugą gałkę lodów i udekoruj kilkoma małymi piankami marshmallow. Podawać natychmiast z długą łyżką do napoju gazowanego i słomkami.

Sprawia, że 1

80. Mus arbuzowo-truskawkowy

Składniki:

- 1 szklanka pokruszonego lodu
- 1 szklanka obranych i przekrojonych na pół świeżych truskawek
- 1 szklanka miąższu arbuza (bez nasion)
- 2 do 3 łyżek syropu truskawkowego p
- plasterki świeżych owoców do dekoracji

Wskazówki:

a) Wszystkie składniki (zostaw kilka kawałków owoców do podania) umieść w blenderze lub robocie kuchennym. Miksuj krótko, aby wszystkie składniki zmiksować na puszystą masę. Nie przesadzaj z mieszaniem. Umieścić w pojemniku w zamrażarce do czasu podania.
b) W razie potrzeby nałóż do wysokich szklanek (lub kieliszków do martini) i podawaj z kilkoma kawałkami owoców.

Służy 1

81. Koktajl z mrożonych moreli i granatów

Składniki:

- 1 szklanka jogurtu naturalnego lub brzoskwiniowego
- 2 szklanki posiekanych i wypestkowanych dojrzałych moreli
- 2 do 3 łyżek czystego miodu
- kilka kostek lodu
- 1/2 granatu, podzielonego na nasiona i usuniętego białego rdzenia

Wskazówki:

a) Granaty przetrzeć przez sito. Jogurt, morele, miód, kostki lodu i sok z granatów (zostaw łyżkę nasion) umieść w blenderze lub robocie kuchennym. Mieszaj, aż będzie naprawdę gładka.

b) Zamrozić na krótko (do 30 minut) lub zjeść od razu, posypując łyżką nasion granatu.

Służy 2

82. Lody czekoladowo-orzechowe

Składniki:

- 1 gałka lodów o bogatej czekoladzie
- 1 gałka lodów maślano-orzechowych
- 2 łyżki stołowe sos czekoladowy
- 2 łyżki prażonych mieszanych orzechów
- płatki czekoladowe, loki lub posypki

Wskazówki:

a) Ułóż dwie gałki lodów w schłodzonym talerzu z lodami.
b) Skropić sosem czekoladowym, a następnie posypać orzechami i czekoladą.

Służy 1

83. Lody na patyku w czekoladzie

Składniki:

- 1 przepis na luksusowe lody waniliowe
- 1 przepis na sos czekoladowy
- drobno posiekane orzechy lub posypka

Wskazówki:

a) Z lodów formuj gałki różnej wielkości. Natychmiast ułóż je na woskowanym papierze i ponownie dokładnie zamroź.

b) Przygotować sos czekoladowy i odstawić w chłodne (nie zimne) miejsce, aż ostygnie, ale nie zgęstnieje.

c) Przykryj kilka blach woskowanym papierem. Włóż patyczek lodów do środka gałki lodów i zanurz go w czekoladzie, tak aby całkowicie ją przykrył. Przytrzymaj go nad miską z czekoladą, aż przestanie kapać, a następnie umieść go na czystym woskowanym papierze.

d) Posyp orzechami lub kolorową posypką, jeśli chcesz. Włóż lody do zamrażarki i pozostaw, aż naprawdę stwardnieją (kilka godzin). Choć zachowują trwałość przez kilka tygodni, w zależności od rodzaju użytych lodów, lepiej zjeść je jak najszybciej.

Daje 6-8

MROŻONE PRZYSMAKI DLA DZIECI

84. Mrożone banany w czekoladzie

Składniki:

- 4 twarde, ale dojrzałe małe banany
- 6 oz. mleczna czekolada, połamana na kawałki
- 6 łyżek gęstej śmietanki
- 4 łyżki soku pomarańczowego

Wskazówki:

a) Zamrozić banany w skórkach na około 2 godziny.

b) W małym rondelku rozpuść czekoladę ze śmietaną i sokiem pomarańczowym, mieszając od czasu do czasu, aż się rozpuści i będzie gładka. Przelać do zimnej miski i odstawić aż zacznie gęstnieć i ostygnąć. Nie pozwól, aby zbytnio ostygło, w przeciwnym razie nie będzie łatwo się pokrywać.

c) Wyjmij banany z zamrażarki i starannie usuń ich skórkę. Zanurz każdego banana w czekoladzie tak, aby dokładnie ją pokrył, a następnie wyjmij go za pomocą jednego lub dwóch długich drewnianych szpikulców. Trzymaj banana nad miską, aż nadmiar czekolady ocieknie. Następnie połóż banana na woskowanym papierze, aż czekolada zastygnie. Pokrój na 2 lub 3 części i włóż do zamrażarki, aż będzie gotowy do podania.

d) Włóż patyczek do lodów do każdego kawałka, jeśli chcesz.
e) Banany te nie są dobrze przechowywane i należy je zjeść w dniu ich przygotowania.

Służy 4

85. Kanapka z lodami

Składniki:

- 12 ciasteczek czekoladowych
- 2 szklanki lodów waniliowych (lub o innym smaku), zmiękczonych

Wskazówki:

a) Umieść ciasteczka na tacy w zamrażarce.
b) Rozłóż zmiękczone lody na płaskiej patelni lub pojemniku do grubości około 1/2 cala i ponownie zamroź. Kiedy lody znów staną się twarde, ale nie twarde, wytnij 6 krążków lodów tak, aby zmieściły się w ciasteczka. Ostrożnie przenieś lody z formy na 6 ciasteczek.
c) Na wierzch ułóż drugie ciasteczko. Dociśnij, aby dobrze zamknąć i zamroź, aż będzie gotowy do spożycia. Jeśli są dobrze zamrożone, wyjmij je z zamrażarki na 10 do 15 minut przed planowanym spożyciem, w przeciwnym razie będą bardzo twarde.
d) Zjedz w ciągu kilku dni.

Serwuje 6

86. Lodowe dipy owocowe

Składniki:

- 3 do 4 filiżanek (1 1/2 do 2 funtów) dobrej jakości, twardych, świeżych owoców (truskawki, wiśnie, agrest przylądkowy)
- 1 szklanka ciężkiej śmietanki, słodzonej i ubitej
- 3/4 szklanki sosu malinowego
- 3/4 szklanki sosu mango
- posypka cukierkowa

Wskazówki:

a) Przygotuj owoce, po prostu je wycierając lub sprawdzając, ale zostaw je na łodygach lub na czymkolwiek, przez co mogą zostać zebrane. Zamrażaj je osobno na woskowanym papierze na blasze do pieczenia przez co najmniej 1 godzinę, aż będą lodowate, ale niezbyt twarde.

b) Nałóż w miskach bitą śmietanę, sosy malinowe i mango oraz posypkę.

c) Ułóż mrożone owoce za pomocą wykałaczek na dużym półmisku i podawaj.

Serwuje 6

87. Lepkie smakołyki toffi

Składniki:

- 1 szklanka sosu toffi
- 3 szklanki lodów waniliowych
- 4 szyszki cukru

Wskazówki:

a) Jeśli masz kolejkę niecierpliwych młodych ludzi, musisz być dobrze przygotowany.
b) Doprowadź sos do temperatury pokojowej, aby był gęsty, ale łatwy do nalewania. Przygotuj lody do nabierania. Przygotuj szyszki w uchwycie.
c) Weź 2 lub 3 łyżki sosu i rozprowadź go na wierzchu lodów. Następnie szybko wyjmij gałkę lodów, jednocześnie mieszając sos i włóż do rożka.
d) Powtórz tę czynność, jeśli chcesz nałożyć drugą miarkę na ten sam stożek. Na wierzch dodaj ostatnią kroplę sosu. Natychmiast podawaj.

Służy 4

88. Owocowe kostki lodu

Składniki:

- 1 szklanka puree z malin
- 1 szklanka jogurtu naturalnego lub owocowego

Wskazówki:

a) Wymieszaj razem owoce i jogurt. Wlać do dużych, łatwo wyjmowanych tacek na kostki lodu lub tacek w kształcie owoców. Wygładź wierzch, aby były całkowicie płaskie, co ułatwi ich łatwe wyjmowanie. Jeśli chcesz, włóż małe patyczki do lodów.

b) Zamrażaj przez 3 do 4 godzin lub przez noc. Wyłóż na ładny talerz i podawaj z kawałkami świeżych owoców i ciasteczkami.

Na 10-12 dużych kostek

89. Lodowe popy owocowe

Składniki:

- 1 1/2 szklanki startych lub puree świeżych owoców (ananas, brzoskwinia, mango)
- cukier do smaku
- 1/2 szklanki koncentratu soku pomarańczowego

Wskazówki:

a) Zmiksuj puree owocowe z cukrem i sokiem pomarańczowym. Zamrażaj w pojemnikach na lody aż do częściowego zamrożenia. Zamieszaj raz, aby wymieszać owoce, a następnie ponownie zamroź, aż prawie stwardnieją.
b) Umieść patyczek do lodów na środku każdego popsicle i zamroź, aż stwardnieje.
c) Jedz prosto z zamrażarki. Najlepiej spożyć jak najszybciej lub zamrozić w zamkniętych pojemnikach na okres nie dłuższy niż 1 miesiąc.

Na 4 do 6 sztuk (w zależności od wielkości foremek)

90. Babeczki lodowe

Składniki:

- 2 szklanki lodów truskawkowych
- 6 łyżek gęstej śmietany, ubitej
- 12 świeżych malin
- posypka cukierkowa

Wskazówki:

a) W blasze do muffinów umieść 6 papierowych lub foliowych foremek do pieczenia. Jeśli używasz bardzo cienkich papierowych foremek do pieczenia, podwoj je, aby uzyskać dodatkowe wsparcie.

b) Gdy lody uzyskają miękką konsystencję, którą można nabierać łyżkami, napełnij foremki do pieczenia i spłaszcz ich wierzch. Wróć do zamrażarki, aż będzie prawie gotowe do podania.

c) Przed podaniem wyjmij foremki do pieczenia, jeśli chcesz, i połóż ciastka lodowe na dobrze schłodzonym talerzu. Na każdy lód połóż odrobinę bitej śmietany, 2 maliny i odrobinę posypki. Wróć do zamrażarki, aż będzie gotowy do spożycia.

d) Te małe ciasteczka lodowe nie nadają się do przechowywania dłużej niż jeden dzień, więc staraj się zrobić tylko tyle, ile potrzebujesz.

Serwuje 6

91. Chrupiące jogurtowe kształty

Składniki:

- 1 szklanka dobrego, gęstego miodu
- 3 szklanki gęstego jogurtu greckiego
- 1 szklanka gęstej śmietanki, lekko ubitej
- 1 łyżeczka czystego ekstraktu waniliowego
- posypka cukierkowa

Wskazówki:

a) Lekko podgrzej miód, aby go zmiękczyć. Dodajemy jogurt, bitą śmietanę i wanilię i wlewamy do płytkiego pojemnika do zamrożenia, mieszając raz lub dwa widelcem.

b) Zamrażaj na 1 godzinę, rozbijaj widelcem i zamrażaj na kolejną godzinę, aż masa będzie twarda, ale nadająca się do nabierania łyżką.

c) Blachę wyłóż nieprzywierającym papierem. Na blaszce umieść foremki do ciastek w kształcie zwierzątek lub inne i wypełnij lodami, pamiętając o wyrównaniu ich wierzchu.

d) Szybko włóż ponownie do zamrażarki na 1-2 godziny, aż masa będzie naprawdę twarda.

e) Gdy lody będą gotowe do podania, ostrożnie wypchnij lody z foremek na lodowaty talerz. Odczekaj 1 lub 2 minuty, aż powierzchnia zacznie mięknąć. Następnie za pomocą jednego lub dwóch drewnianych szpikulców zanurz je z jednej lub dwóch stron w misce z posypką.
f) Natychmiast włóż je z powrotem do zamrażarki, ponieważ bardzo szybko zaczną się topić.
g) Aby podać, włóż patyczek do lodów do każdego z nich.

W zależności od formy formuje się od 6 do 10 kształtów

ŚWIEŻE I OWOCOWE PRZYsmaki

92. Mrożona jeżyna i gruszka Romanoff

Składniki:

- 1 szklanka puree ze słodkiej gruszki
- 1 szklanka gęstej śmietany, ubitej
- 1 szklanka gęstego jogurtu typu greckiego
- drobno starta skórka z 1 cytryny
- 1 szklanka grubo pokruszonych małych bezów
- 1 szklanka słodkich dojrzałych jeżyn

Wskazówki:

a) W dużej misce wymieszaj puree gruszkowe, bitą śmietanę, jogurt i skórkę z cytryny. Jeśli chcesz, możesz dodać trochę cukru do smaku lub jeśli jeżyny nie są zbyt słodkie.
b) Teraz dodaj pokruszone bezy i na koniec jeżyny, mieszając jak najrzadziej. Wlać łyżką do pojemnika z głęboką zamrażarką i zamrażać przez 1 do 2 godzin. Nie mieszać podczas zamrażania.
c) Przed podaniem delikatnie przełóż mieszaninę na talerz i dodaj kilka jagód.

Daje 2 pinty

93. Lody wirowe brzoskwiniowo-marakujowe

Składniki:

- 1 1/4 szklanki ciężkiej śmietanki
- 1 łyżeczka czystego ekstraktu waniliowego
- 2 duże jajka
- 1/4 szklanki drobnego cukru lub do smaku
- 2 łyżeczki skrobi kukurydzianej
- 1 łyżka wody
- 4 duże, bardzo dojrzałe brzoskwinie
- sok i drobno starta skórka z 1 pomarańczy
- 4 dojrzałe owoce męczennicy

Wskazówki:

a) W małym rondlu zagotuj śmietankę i wanilię. Zdjąć z ognia. W misce ubić jajka z cukrem, aż masa będzie bardzo jasna i lekko zgęstniała. Do jajek wlać trochę śmietany, aż dobrze się połączą, a następnie przelać z powrotem do rondla.

b) Zmiksuj skrobię kukurydzianą z wodą na gładką masę. Wymieszaj go z mieszaniną śmietany i jajek i ponownie postaw patelnię na ogniu. Nie gotować, ale gdy masa zacznie gęstnieć, cały czas mieszaj, aż zakryje grzbiet łyżki. Odstawić do wystygnięcia, od czasu do czasu mieszając.

c) Włóż brzoskwinie do wrzącej wody na około 1 minutę lub do momentu, aż skórka będzie łatwo odchodzić. Zmiksuj lub zmiksuj miąższ z sokiem i skórką pomarańczową i w razie potrzeby odcedź. Włóż miąższ marakui do małej miski. Delikatnie wymieszaj schłodzony budyń i purée brzoskwiniowe.

d) Włóż do maszyny do lodów i przetwarzaj zgodnie z instrukcją producenta lub użyj metody ręcznego mieszania.

e) Gdy będzie już prawie twardy, przełóż go do pojemnika do zamrażania i dodaj większość marakui. Zamrozić, aż będzie twarde lub wymagane. Lody te można zamrażać do 1 miesiąca.

f) Odczekaj około 15 minut, aby zmiękły, a następnie podawaj z odrobiną marakui na wierzchu.

Daje 1 1/2 pinty

94. Suflet morelowy mrożony

Składniki:

- sok i drobno starta skórka z 1 pomarańczy
- 2 (1/4 uncji) koperty bezsmakowej żelatyny
- 3 średnie jajka, oddzielone od siebie, plus 2 dodatkowe białka
- 1/2 szklanki drobnego cukru
- 1 łyżeczka czystego ekstraktu waniliowego
- 1 szklanka śmietany do ubijania
- 4 łyżki likieru Amaretto
- 1 szklanka puree z moreli
- 3/4 szklanki czarnych porzeczek (świeżych lub mrożonych)
- 2 do 3 łyżek drobnego cukru

Wskazówki:

a) Przygotuj 4 kokilki, owijając pasek woskowanego papieru wokół zewnętrznej strony każdego z nich, tak aby sięgał około 2 cali nad brzegi; zabezpieczyć taśmą. Lekko natłuść papier i wnętrze naczyń.

b) W małym rondlu podgrzej sok pomarańczowy, posyp żelatyną i poczekaj, aż się rozpuści. Fajny. Do dużej miski włóż skórkę pomarańczową, żółtka, cukier i wanilię.

c) Ubijaj, aż masa będzie naprawdę gęsta, jasna i kremowa. Lekko ostudzić. W osobnej misce ubić białka na sztywną pianę, prawie tworzącą szczyty. W trzeciej misce ubijaj śmietanę, aż będzie sztywna i zachowa swój kształt.

d) Wymieszaj mieszaninę żelatyny wraz z Amaretto z ubitymi żółtkami. Następnie dodać bitą śmietanę, puree z moreli i na końcu białka. Po lekkim, ale dokładnym wymieszaniu nałóż łyżką do kokilek, wygładź wierzch i wstaw do zamrażarki na 2 do 3 godzin.

e) Aby przygotować sos, podgrzej w rondlu wszystkie czarne porzeczki z cukrem, z wyjątkiem kilku. gotować przez 4 do 5 minut. Jeśli chcesz, przelej przez sito, aby usunąć wszystkie nasiona, a następnie dodaj całe czarne porzeczki na patelnię. Odłożyć na bok.

f) Aby podać, wyjmij kokilki z zamrażarki na 10 minut przed jedzeniem, zdejmij papier i zrób dziurę pośrodku wierzchu.

W ostatniej chwili podgrzej sos i wlej trochę do środka. Resztę podawaj osobno.

g)

95. Parfait jabłkowo-śliwkowy

Składniki:

- 3 duże, dojrzałe słodkie śliwki
- 2 łyżki cukru demerara
- 4 łyżki wody
- 2 słodkie jabłka
- 1 szklanka granulowanego cukru
- sok i drobno otarta skórka z 1/2 cytryny
- 5 żółtek
- 1/2 szklanki plus 2 łyżki gęstej śmietanki

Wskazówki:

a) Wydrąż i grubo posiekaj śliwki, a następnie włóż je do małego rondla z cukrem demerara i wodą. Gotuj na wolnym ogniu, aż śliwki będą miękkie, ale nie rozpadną się.

b) Odłóż połowę śliwek do ostygnięcia, a następnie dodaj obrane, wydrążone i starte jabłka do rondla. Kontynuuj gotowanie, aż owoce będą wystarczająco miękkie, aby je zmiksować lub rozgnieść. Całkowicie ostudzić.

c) Powoli podgrzewaj granulowany cukier z sokiem z cytryny na innej małej patelni, aż cukier się rozpuści. Gotuj przez 2 do 3 minut, następnie zdejmij z ognia. W dużej misce ubijaj żółtka, aż podwoją swoją objętość. Następnie powoli dodaj syrop cukrowy i skórkę cytrynową i kontynuuj ubijanie, aż masa będzie gęsta i kremowa. Całkowicie ostudzić.

d) Gdy puree owocowe i masa jajeczna ostygną, ubijaj śmietanę, aż powstanie sztywna masa. Ostrożnie wymieszaj najpierw masę owocową, a następnie bitą śmietanę z ubitymi żółtkami. Włóż łyżką do małego, głębokiego pojemnika do zamrażania i zamrażaj, aż zamarznie po bokach.

e) Ubij widelcem, aż masa będzie gładka, a następnie zamroź, aż masa będzie sztywna, ale nie twarda.

f) Przed podaniem nałóż łyżkę zarezerwowanych ugotowanych śliwek na spód schłodzonych szklanek, dodaj kilka miarek parfaitu i posyp większą ilością śliwek. Podawać natychmiast lub krótko schłodzić.

96. Lody o smaku bananowym

Składniki:

- 4 dojrzałe banany i więcej do podania
- sok z 1 cytryny
- 6 łyżek jasnego miodu
- 1 łyżeczka czystego ekstraktu waniliowego
- 1 szklanka domowego lub kupnego kremu waniliowego
- 1 szklanka gęstej śmietany, delikatnie ubitej, plus więcej do podania
- kawałki karmelu

Wskazówki:

a) W blenderze lub robocie kuchennym zmiksuj banany z sokiem z cytryny, miodem i wanilią, aż uzyskasz kremową gładkość. Mieszankę równomiernie wymieszać z kremem, a następnie dodać ubitą śmietanę.

b) Wlać mieszaninę do pojemnika do zamrażania. Zamrażaj przez 1 godzinę, następnie rozbij widelcem, aż masa znów będzie gładka. Włóż ponownie do zamrażarki, aż masa będzie twarda lub gotowa do podania.

c) Podawaj gałkę lodów z większą ilością plasterków banana i bitą śmietaną oraz kawałkami karmelu.

d) Te lody można zamrozić do 1 miesiąca.

e) Wyjmij z zamrażarki na 15 minut lub dłużej przed podaniem, aby lekko zmiękło.

Serwuje 6

97. Sorbet z owoców tropikalnych

Składniki:

- 2 szklanki obranych i posiekanych dojrzałych owoców tropikalnych (gujawa, ananas, mango, papaja)
- 1 szklanka syropu cukrowego
- 2 limonki
- 1 szklanka pełnego mleka lub maślanki

Wskazówki:

a) Zmiksuj lub zmiksuj owoce tropikalne, a następnie przetrzyj przez sito o drobnych oczkach, jeśli lubisz naprawdę gładką konsystencję.

b) Dodajemy syrop cukrowy, drobno startą skórkę z 1 limonki i sok z obu, a także mleko. Wlać do pojemnika do zamrażania i zamrozić, mieszając ręcznie, rozbijając dwa lub trzy razy podczas zamrażania.

c) Zamrozić do twardości, następnie przełożyć do połówek małych skorupek ananasa lub naczyń do serwowania i posypać świeżo startą gałką muszkatołową. Podawać z małymi owocami

tropikalnymi, takimi jak liczi lub winogrona, lub prażonymi kawałkami świeżego kokosa.
d) Lody te można zamrażać do 1 miesiąca. Wyjąć z zamrażarki na 10 minut przed podaniem, aby zmiękło.

Wychodzi około 1 1/2 pinty

98. Mrożona rozkosz rabarbarowa

Składniki:

- 3 szklanki posiekanego, przyciętego rabarbaru
- 1/2 szklanki drobnego cukru
- 1 do 2 łyżeczek czystego ekstraktu waniliowego
- 1/4 łyżeczki mielonego cynamonu
- 1 szklanka gęstej śmietanki, mocno ubitej
- 1 szklanka jogurtu naturalnego

Wskazówki:

a) Rabarbar, cukier i wanilię włóż do małego rondla i gotuj na wolnym ogniu przez około 8 minut, aż będą bardzo miękkie. Alternatywnie, gotuj w kuchence mikrofalowej na średnim poziomie przez 3 lub 4 minuty, od czasu do czasu mieszając.
b) Zmiksuj owoce, dodaj cynamon i odstaw, aż ostygną.
c) Wymieszać puree z rabarbaru, bitą śmietanę i jogurt.
d) Łyżką wlej do miski maszyny do lodów i postępuj zgodnie z instrukcjami producenta lub wlej do pojemnika do

zamrażarki i zamroź zgodnie z zaleceniami .

e) Gdy lody stwardnieją, zamroź je na krótko przed podaniem lub do momentu, aż będą potrzebne.

f) Lody te można zamrażać do 3 miesięcy. Wyjąć z zamrażarki na 15 minut przed podaniem, aby lekko zmiękło.

Wychodzi około 2 1/4 pinty

99. Świeże lody imbirowe

Składniki:

- 2 szklanki gęstej śmietanki
- 1 szklanka pełnego mleka
- ¾ szklanki cukru
- 1 (3-calowy) kawałek świeżego korzenia imbiru, obrany i grubo posiekany
- 1 duże jajko
- 3 duże żółtka
- 1 łyżeczka ekstraktu waniliowego

Wskazówki:

a) W dużym rondlu połącz śmietanę, mleko, cukier i imbir. Doprowadzić do wrzenia, mieszając, aż cukier się rozpuści.
b) Zdjąć z ognia. Przykryj i pozostaw do ostygnięcia do temperatury pokojowej. Odcedź mieszaninę, aby usunąć cały korzeń imbiru.
c) Doprowadź mieszaninę mleka ponownie do wrzenia.
d) W dużej misce wymieszaj jajko i żółtka. Gdy mieszanina mleka się zagotuje, zdejmij z ognia i bardzo powoli wlewaj ją

do mieszanki jajecznej, aby ją zahartować, cały czas mieszając.

e) Po dodaniu całej mieszanki mlecznej włóż ją z powrotem do rondla i kontynuuj gotowanie na średnim ogniu, ciągle mieszając, aż mieszanina zgęstnieje na tyle, aby pokryć grzbiet łyżki (2 do 3 minut). Zdjąć z ognia i wymieszać z wanilią.

f) Przykryj mieszaninę mleka i pozostaw do ostygnięcia do temperatury pokojowej, następnie przechowuj w lodówce aż do dobrego schłodzenia, od 3 do 4 godzin lub przez noc.

g) Wlać schłodzoną mieszaninę do maszyny do lodów i zamrozić zgodnie z instrukcją.

h) Przełóż lody do pojemnika przeznaczonego do zamrażania i włóż do zamrażarki. Przed podaniem pozwól mu ostygnąć przez 1 do 2 godzin.

i)

100. Świeże lody brzoskwiniowe

Składniki:

- 2 łyżki niesmakowanej żelatyny
- 3 szklanki mleka, podzielone
- 2 szklanki granulowanego cukru
- 1/4 łyżeczki soli
- 6 jaj
- 1 1/2 szklanki pół na pół
- 1 małe pudełko waniliowego budyniu błyskawicznego
- 1 łyżka ekstraktu waniliowego
- 4 szklanki pokruszonych brzoskwiń

Wskazówki:

a) Zmiękczyć żelatynę w 1/2 szklanki zimnego mleka. Zaparz kolejne 1 1/2 szklanki mleka. Mieszaj mieszaninę żelatyny, aż się rozpuści. Dodaj cukier, sól i pozostałą 1 szklankę mleka.
b) Ubijaj jajka na wysokich obrotach d przez 5 minut.
c) Dodać pół na pół, mieszankę budyniową, ekstrakt waniliowy i mieszaninę żelatyny. Dobrze wymieszaj. Wymieszaj brzoskwinie.

d) Zamrażaj w zamrażarce do lodów zgodnie z instrukcją producenta. Dojrzewać przez 2 godziny.

Daje 1 galon

WNIOSEK

Lody, które przygotujesz na podstawie tej książki, są tak samo pyszne, jak te, które robimy w naszych profesjonalnych kuchniach — całkowicie kremowe i łatwe do nabierania, z warstwami smaku.

Mam nadzieję, że zagłębisz się w tę książkę i uczynisz ją swoją. Twórz i jedz te przepisy w kółko i bądź pozytywnie zachwycony wynikami. Kropluj, mżaj i zaznaczaj strony według własnego uznania!

www.ingramcontent.com/pod-product-compliance
Lightning Source LLC
Chambersburg PA
CBHW070458120526
44590CB00013B/684